KAMI CHARISMA

カミ カリスマ

Ion Guide

JN041792

京
TOKYO
2020

✄ ✄ ✄

Contents —— 01

ごあいさつ —— 02

KAMI CHARISMA 実行委員会より —— 04

Cut —— 08

Cut/Men's Style —— 158

Perm —— 172

Hair Color —— 184

Treatment & Spa —— 206

INDEX —— 238

※本書の掲載順に関して、カット部門は美容師の五十音順、パーマ、カラー、トリートメント&Spa部門は美容室のABC順で掲載しています。

KAMI CHARISMA 実行委員会　会長

麻生太郎

副総理兼財務大臣、第 92 代内閣総理大臣
衆議院議員

ごあいさつ

KAMI CHARISMA 東京 2020 Hair Salon Guide の発行にあたり、日本が世界に誇る美容文化と技術を編纂・紹介できることを大変喜ばしく思います。

我が国は世界の東の端に位置する島国で、特殊な地形条件に起因する独特の進化を遂げてきました。世界的に見てもオンリーワンのコンテンツが多数存在し、代表的なものとして、和食やアニメ、伝統芸能等が挙げられますが、近年これらと同様に美容文化も世界的認知が広がっています。

事実、日本人の特性ともいえる「研ぎ澄ます」「整える」「儚い」といった美意識が技術に反映され、日本の美容師たちは世界でも類を見ない稀有な技術力を有しています。

本企画を通して、美容師の皆様の更なる技術鍛錬がなされ、未来に向けて磨かれ続ける資源として美容文化が拡大・発展していくことを期待します。

KAMI CHARISMA 実行委員会　副会長

薗浦健太郎

自由民主党総裁外交特別補佐
衆議院議員

ごあいさつ

この度、KAMI CHARISMA 東京 2020 Hair Salon Guide が盛大に刊行されますことお慶び申し上げますとともに、本企画で取り上げられるトップスタイリストの皆様に、心よりお祝い申し上げます。

大盛況で終えた 2019 ラグビー W 杯、いよいよ目前に迫りました 2020 東京五輪と、この 2 年は世界から日本への注目度が大きく拡大し、その先には 2025 大阪万博を控えていることから、近年飛躍的な拡大を見せるインバウンド需要が、今後更なる拡大を見せることは確実でしょう。

アジア圏を中心に人気コンテンツとして認知が広がっている日本の美容文化が、この企画により研ぎ澄まされ、産業としての美容から"日本文化"へと昇華していくことを期待します。

薗浦 健太郎

フランスには「食」のミシュランがあります。

日本には「美容」の

カミカリスマを創りました。

ここ数年、日本での美容体験、とくに「美容室での体験」に対してアジア圏観光客を中心にインバウンド需要が高まっているのはご存知でしょうか？世界の中でも「美容」にまつわるコンテンツは大きな規模のマーケットを有しています。2020年の東京オリンピックを控え、その需要はますます広がっていくことでしょう。

フランスには食のミシュランが存在しています。書籍をベースとした権威と信頼性によって食産業をより活性化させる「新たなマーケット」を世界中に広げているといえるでしょう。日本におけるそうしたオリジナルのコンテンツとは美容の技術、つまりカットやパーマ、カラー、トリートメントなど、美容室や美容師自身の繊細かつ高い技術性だと確信しています。本書はガイドブックとして日本の美容技術を世界に発信し、カリスマ職人たちの「個の力」を紹介していくものになります。

平成29年度厚生労働省統計によると全国には約24万軒の美容室、約52万人の美容師が存在しているといわれています。その中でも「東京」は世界でも類を見ない美容室の最激戦地区でもあります。

個人商店が多数を占めるこの業界は、世界に目を向けた成長戦略を残念ながら明確に打ち出せてはいません。そこでKAMI CHARISMAでは多くの美容師・美容室の中から東京のBEST100ともいえる個人や店舗を国内外の文化人・美容関係者など専門家チームによる覆面調査・専門調査によりピックアップしました。世界発信を行っていくことによって、美容師たちの技術錬成を促進し、単なる産業ではない誇るべき「日本文化」へと昇華させていきます。

本書は東京のヘアサロンの中から一般カット部門（美容師個人名）、メンズカット部門（美容師個人名）、パーマ部門・カラー部門・トリートメント＆Spa部門（美容室名）を選出し、掲載されたガイドブックとなっています。

【カミカリスマ７つの選定基準】

① 技術力

② デザイン性（Sense）

③ 世界への発信力

④ スター性

⑤ 今をつかむ表現力

⑥ 店舗・接客

⑦ 売上力

本書では美容室だけではなく「美容師個人」を対象にした世界でも珍しいガイドブックになっています。今回選ばれた82人の美容師、33軒の美容室に関してはいずれも上記の要素をクリアした選ばれしベストオブ髪カリスマともいえる美容師・美容室なのです。ここに登場する東京のBESTともいえる美容師、美容室は日本代表ともいえる存在であり、いずれも世界に発信できる高度な技術を持っています。

従来ならば「カリスマ」と呼ばれる人気美容師が存在し、高度な技術力と接客で多くのお客さまを集めてきました。令和時代に変わり、SNSなど世界への発信力も重要な要素になっているのは否めません。

本書ではガイドブックとして読者の皆さんへの「指標」としてハサミをイメージしたマークを入れています。日本の美容技術を世界へ発信する前提で上記同様、専門家チームによる覆面調査・専門調査によって上記7項目の要素を織り込み、指標を入れています。ぜひ日本の美容師、美容室を選ぶ際のガイドとしてお使いください。

KAMI CHARISMA 実行委員会

KAMI CHARISMA 東京 2020 アワード

2019年12月3日に帝国ホテルにて開催された「KAMI CHARISMA 東京 2020 アワード」。実行委員会会長の麻生太郎先生、副会長の薗浦健太郎先生、田端浩観光庁長官のご賛同のうえ、本書に掲載された美容師、美容室がそれぞれ表彰されました。多くのマスコミも駆けつけるなど盛大に開催されました。

主催 :KAMI CHARISMA 実行委員会
後援 :厚生労働省、国土交通省観光庁、日本政府観光局（JNTO）
認証 :「日本博」参画プロジェクト
協力 : 日本国際広報戦略機構

東京 2020 Hair Salon Guide の使い方

  カット / Cut

 # 朝日光輝　　　　SUNVALLEY

カット・パーマ・カラー・トリートメント & Spa と各ジャンルのインデックスと個人名や美容室名を掲載。

カットは美容師名、パーマ・カラー・トリートメント & Spa は美容室名を掲載。

電話番号と HP アドレスを掲載しています。

7 つの選定基準に照らし合わせて選ばれたカミカリスマが推奨する美容師、美容室の解説。

 DATA

東京都港区南青山 5-2-12 G ビル B1
火曜、第 2・4 月曜
11:00 ～ 21:00
木・土 10:00 ～ 20:00
日・祝日 10:00 ～ 19:00

▶ カット（朝日）¥10,000
　カラー（シングル）¥8,000 ～
　パーマ ¥9,000 ～
◉完全予約制　◉カード支払い可　◉個室あり

スタイル作りのセンスはもちろん非常に高度なカット技術を誇る東京を代表するカリスマ美容師。

発信力の高さも含めてそのスタイル作りのセンスと非常に高度なカット技術を誇る東京を代表するカリスマ美容師。

高度な技術やスタイルはもちろん、東京の今を日本から世界に積極的に発信している究極のカリスマ美容師。

12

📞 03-6427-3807
🌐 https://sunvalley.tokyo/

カッコよさのなかに色
香を忍ばせたショート。
つくり込まないラフさ
が心地いいスタイル。

女優やモデルからの信頼が厚く、数々のファッション誌や広告、ヘアショーなどでヘア＆メイクとしても引っ張りだこ。超多忙だが、朝日氏の軸はサロンにある。「雑誌やテレビの仕事は見ている人に夢を与えるもの。でも、僕は一般の人にきれいになってほしいから、美しくなるためのサポートをしているんです。サロンでのリアルなスタイルづくりも、いってみれば夢を与える仕事ですけどね」と朝日氏は語る。ヘア＆メイクの経験を生かし、顔型や髪質だけでなくメイクやファッションを含めたトータルでの似合わせと、自分でも明日から再現できるスタイルづくりが彼の強み。レングス、テイスト問わずお客さまの気分を読み取り、求められたスタイルを形にしていく。神ワザを体感したいと全国から予約が殺到し、新規予約は3年待ちというウワサもあるほど。卓越したカット技術だけでなく、アイロンでの巻き髪や、ヘアアレンジも雑誌で何度も特集が組まれるほど注目を集めている。簡単なのにほめられるスタイルづくりは、大人女性の心をつかんで離さない。

13

カテゴリーは一般カット部門、男性カット部門、パーマ、カラー、トリートメント＆Spaに分かれています。

DATAは住所・休日・営業時間を記入しています。

店内イメージ写真を掲載しています。

価格帯はカットやパーマなど2019年11月現在の税抜き価格で表記しています。また予約制かどうか、個室の有無、カード支払いの有無など必要情報も記入しています。

非常に高度なパーマ技術とセンスある仕上がりを誇る東京を代表する美容室。

非常に高度なカラー技術とセンスある仕上がりを誇る東京を代表する美容室。

非常に高品質で優れたトリートメント＆スパ技術を誇る東京を代表する美容室。

7

赤松美和

VeLO

☎ 03-5411-5051
🌐 http://velovetica.com/

VeLO とはフランス語で自転車という意味。初めて自転車に乗れたときのワクワク感をヘアでも表現したいという思いで名づけられた。仕事で嫌なことがあっても、失恋しても赤松氏に髪をカットしてもらえばなぜか元気になれる。ポジティブ思考に変わり運気が上がると評判になり、「開運カット」と呼ばれるように。赤松氏のエネルギッシュなパワーと圧倒的なデザイン力で"私っていけてる！"と自信を持たせてくれるのだ。お客さまの心の変化をキャッチし、造形的な可愛さだけではなく気分にフィットするデザインを提供。「髪を切ってきっといいことあるから！」と元気にお客さまを送り出すのも赤松氏の流儀。その後どんないいことがあったかの報告を聞くのが楽しみでもあるという。トキメキを与えるデザインをつくるには、美容師自身も日常を楽しみトキメキを体感することが必要だと語る。楽しんで働いている姿を見せることも、サロンでの時間を特別な日にするひとつの要素。赤松氏のインスタグラムにはヘアチェンジ後のお客さまの笑顔であふれている。彼女のパワーを求めて今日も予約はいっぱいだ。

DATA·······························

🏠 東京都渋谷区神宮前 3-25-5
4F・5F
📅 月曜、第 1・3 火曜
🕐 11:00 ～ 21:00
日・祝日 11:00 ～ 19:00

▶ カット（赤松）　￥8,000
　カラー　￥8,000 ～
　パーマ　￥7,000 ～
● 完全予約制　■ カード支払い可

阿形聡美

NORA Journey

📞 **03-6804-3938**
🌐 http://www.nora-style.com/journey/

愛されヘアに真っ向勝負するのが、阿形氏が提唱する"エロ髪"ではないだろうか。万人ウケや男性に媚びる可愛さでもなく、女を武器にしたセクシーさでもない。好きになった人を振り向かせ、もっと言えば落とすための魅力的なヘアのことだ。エロ髪に必要なのは清潔感、ツヤ感、抜け感、そして二面性だという。手入れが行き届いたうるツヤな髪があってこその色気、ヘルシーでハッピーなオーラを叶えるスタイルこそが本能的にドキドキとさせると阿形氏は考える。ガードがかたくない感じをラフな抜け感で表現。スライドカットにこだわり、スタイリング剤をつけたときでも自然にパラパラと落ちる束感づくりを得意としている。また、顔まわりの似合わせには自信があるという。骨格に対して似合わないからとNGを出すのではなく、本人の希望を叶えるためにベストではないけれど、ベターな形を見つけてあげられるのが、彼女が慕われている理由だ。本音をさらしたブログなどSNSでの発信も話題に。"エロ髪美容師"としてのブランディングもSNS発信が功を奏した。若手にはまだまだ負けられないと、闘争心を燃やしている。

DATA..........................

◈ 東京都渋谷区神宮前 4-3-21
   NODERA BLDG 2F
◈ 不定休
◈ 11:00 〜 21:00
   土 11:00 〜 20:00
   日・祝日 11:00 〜 19:00

▶ カット　￥7,500
　水パーマ　￥8,500
　デジタルパーマ　￥11,500
　フルカラー　￥7,500
● 完全予約制　● カード支払い可

カット / Cut

朝日光輝

SUNVALLEY

MITSUTERU ASAHI

DATA

- 東京都港区南青山 5-2-12 G ビル B1
- 火曜、第 2・4 月曜
- 11:00 〜 21:00
  木・土 10:00 〜 20:00
  日・祝日 10:00 〜 19:00

▶ カット（朝日）　¥10,000
　カラー（シングル）　¥8,000 〜
　パーマ　¥9,000 〜

● 完全予約制　● カード支払い可　● 個室あり

カッコよさのなかに色香を忍ばせたショート。つくり込まないラフさが心地いいスタイル。

女優やモデルからの信頼が厚く、数々のファッション誌や広告、ヘアショーなどでヘア＆メイクとしても引っ張りだこ。超多忙だが、朝日氏の軸はサロンにある。「雑誌やテレビの仕事は見ている人に夢を与えるもの。でも、僕は一般の人にきれいになってほしいから、美しくなるためのサポートをしているんです。サロンでのリアルなスタイルづくりも、いってみれば夢を与える仕事ですけどね」と朝日氏は語る。ヘア＆メイクの経験を生かし、顔型や髪質だけでなくメイクやファッションを含めたトータルでの似合わせと、自分でも明日から再現できるスタイルづくりが彼の強み。レングス、テイスト問わずお客さまの気分を読み取り、求められたスタイルを形にしていく。神ワザを体感したいと全国から予約が殺到し、新規予約は3年待ちというウワサもあるほど。卓越したカット技術だけでなく、アイロンでの巻き髪や、ヘアアレンジも雑誌で何度も特集が組まれるほど注目を集めている。簡単なのにほめられるスタイルづくりは、大人女性の心をつかんで離さない。

 カット / Cut

安齋由美

YUMI ANZAI

CHAUSSE-PIED EN LAITON

📞 **03-6452-5295**
🌐 https://chausse-pied.jp/

感度の高い人達から "シャスピエ" と親しみを持って呼ばれ、人気を集めている注目のサロン。都内有名店を経て、2015 年に代官山に自分の城を構えた安齋氏。モードなデザインをベースに、大人の抜け感を取り入れたスタイルが得意。その人が持つ個性を引き出しながら、ときにはコンプレックスを生かす提案をすることも。顔や頭の骨格だけでなく身長も含めたバランス、ファッションやライフスタイルをトータルで考え、どういう女性像に導いていくかを頭の中で細かく設定し、提案するのが安齋流。指名してくれるからには自分でなくてはならない価値をデザインに残すことを心がけ、どこか 1 カ所は攻めたポイントを入れる。モデルのようなスタイルと抜群のファッションセンス、自分を持った生き方、気さくな雰囲気とどれをとっても女性が憧れる存在だ。お客さまとの距離感を大事に、ヘアドクターのような存在でありたいと話す。オープンから 4 年。10 年経ったときにスタッフとお客さまが幸せであるサロンづくりを目指す。そのためには、感度を下げないよう、素敵なものに触れて可愛い、カッコいいと思える瞬間を増やしていきたいと話す。

DATA·······················

◎東京都渋谷区恵比寿西
　2-17-17　1F
　火曜、第 1 月曜
　11:00 ～ 20:00
　土 10:00 ～ 19:00
　日・祝日 10:00 ～ 18:00

▶カット（安齋）￥7,000
　カラー　￥7,700 ～
　パーマ　￥7,700 ～
●完全予約制　●カード支払い可

15

カット / Cut

池戸裕二

YUJI IKEDO

MINX 銀座五丁目店

📞 03-3572-8700
🌐 https://minx-net.co.jp/

大人女性のカッコよさを引き出す躍動感のあるスタイルに定評がある池戸氏。生えグセからしっかりアプローチする前髪カットで魅力を開眼した人は多数。一般誌のヘア企画やヘアカタログ、ヘアショー、コンテストの審査員などオファーが絶えないまさにスター美容師だが、デビュー直後は売り上げが思うようにいかず苦しんだこともあった。自分の好みを押し付けていることに気づき、お客さまが何を求めているのかを察することに意識を向けたという。ちょうど原宿店ができ異動になったことも転機になった。集客のために何をすればいいのか、自分で考え行動に移したことも自信につながったという。早くから国内外でのセミナー講師を任され、教えるために知識を増やし技術も磨いた。サロンワークだけではなく、雑誌の撮影やヘアショーなどあらゆる仕事のなかで成長ができたという。2019年、原宿から銀座へエリアが変わっても9割のお客さまがそのままついてきてくれたという。池戸氏がつくるスタイルや人柄にほれ込んでいるファンが多いのだ。ハイクオリティな銀座エリアで、池戸氏の名前はますます広がるだろう。

DATA·····················

🏠 東京都中央区銀座 5-7-6
i liv4F
🗓 火曜
🕐 11:00 〜 21:00
土 10:00 〜 20:00
日・祝日 10:00 〜 19:00

▶ カット　￥6,500
カット＆カラー　￥12,500 〜
カット＆パーマ　￥13,500 〜
※平日は￥200 引き。
● 完全予約制　● カード支払い可

カット / Cut

石川ヒデノリ

suburbia

HIDENORI ISHIKAWA

📞 03-6804-4720
🌐 http://suburbia-hair.com/

外国人風カラーの元祖として知られるサロンだが、カラーだけでなく、ベースとなるカットもまた外国人にこだわっている。乾かすだけでサマになる外国人の髪を表現するにはどうしたらいいか、研究を重ねて日本人の髪質に合わせたカット技術を生み出した。骨格や髪質、立った時の等身バランスをチェックするのは基本。一番重要なのは毛穴で、細かくブロッキングをして髪が落ちる方向を見極めてカットする。また、洋服と同じように髪にもサイズがあり、首や肩に対して適したサイズに整え、おさまりのいいスタイルをつくっていくのだ。サロンに入ってきた瞬間から石川氏のカウンセリングは、始まっている。待っているときの様子からもその人となりを見定め、どう接していくかを考える。無駄な話は一切せず、これまでの髪の履歴や悩みを聞き、その人のハートに切り込む。提案力の高さで5分以内には「おまかせします」と言わせてしまうのだ。自由な発想で生み出されるデザインは、お客さまの予想をはるかに越えていく。突飛なことはしないが、周りからほめられるスタイルで「また切ってもらいたい」というお客さまが後を絶たない。

DATA ·····························
◎ 東京都渋谷区神宮前 3-41-5
□ 火曜
🕐 11:00 ～ 21:00
　土・祝日 10:00 ～ 20:00
　日 10:00 ～ 19:00

▶ カット（石川）　¥8,000 ～
　カラー　¥7,000 ～
　パーマ（カット込み）¥13,000 ～
● 完全予約制　● カード支払い可
※現在、石川さんの新規予約は紹介のみ。

板倉みつる

Luxe

MITSURU ITAKURA

DATA

東京都港区南青山 4-21-23
宮田ビル B1
月曜、第 1・3 火曜
11:00 〜 21:00　木 11:00 〜 20:00
土 10:00 〜 20:00
日・祝日 10:00 〜 18:00

▶ カット（板倉）　¥15,000（初回）、
　¥13,000（2 回目以降）
　カット＆パーマ（ソフトウェーブ）　¥21,000
　カラー（アルカリフルヘッド）　¥8,000
● 完全予約制　● カード支払い可　※現在、板倉さんの新規予約は紹介のみ。

📞 **03-5414-5588**
🌐 http://www.luxe-net.com/

顔や首、肩とのバラン
ス、ファッションとの
連動でおしゃれに見え
るショートを追求。

ロンドン、ニューヨークで技術を学び、都内サロンでエグゼク
ティブディレクターを経験した後、2005年南青山にLuxeをオー
プン。「素材をよくしてはじめていいデザインがつくれる」と、
髪を傷ませないカットにこだわりを持つ。フェミニン＆マスキュ
リンをデザインテーマに、なりたいスタイルが似合うように責
任感を持って挑んでいる。そのためにお客さまの要望は聞くが、
ときにはその人のマイナス面も正直に伝えるという。新しい自
分に出会うための気づきを与え、"魔法"をかけたいというのが
板倉氏の考えだ。積み重ねてきた経験から、骨格や髪質だけで
なくファッション、メイク、その人のキャラクターなどトータル
での似合わせメソッドで、「あなたに切ってもらってよかった」
と言わしめる。板倉氏の技術を堪能できるのは、やはりショー
トだろう。彼はショートを"動く彫刻"と呼び、エリアごとにて
いねいに質感、毛量調整を行っていく。髪は顔を引き立てるた
めの額縁として、派手すぎず顔とのバランスを考えながらデザ
インをしていく。その造形美を見れば彼におまかせしたくなる。

21

カット / Cut

伊東秀彦

PEEK-A-BOO 原宿

HIDEHIKO ITO

DATA

東京都渋谷区神宮前 6-27-8
エムズ原宿 4F
月曜
10:00 〜 20:00
日 10:00 〜 19:00

▶ カット（伊東） ¥12,000
ベーシックパーマ ¥8,000 〜
ベーシックデジタルパーマ ¥13,000 〜
カラー（ミディアム） ¥9,000
● 完全予約制 ● カード支払い可

☎ **03-5468-0822**
🌐 http://www.peek-a-boo.co.jp/

耳上の内側を刈り込ん
だツーセクションカッ
ト。デザイン性と機能
美を叶えたスタイル。

卓越した技術でお客さまだけでなく、多くの美容師から一目置か
れる存在。洗練されたハサミさばきと時代の先を行くスタイルを
ひと目見たいと、常に技術講習への応募が殺到するという。「ツー
セクションカット」の第一人者で、その技術と作品を集めた著書
も美容師たちのバイブルとなっている。骨格に合わせて上下の髪
の長さを変えてカットする技法は、一見リアルなスタイルとかけ
離れているようで、ハチ張りや絶壁が多い日本人の骨格を補正し
てくれると人気が高い。サロンでは、手入れのしやすさとその人
のライフスタイルに合わせたヘアデザインづくりを大切にして
いる。さらにいえば、少しでも若々しく魅力的に見せることも美
容師としての使命と考える。日々のクリエイションがサロンワー
クに生かされると、作品撮りを続け、あっと驚くパフォーマンス
を SNS で発信して若い世代に刺激を与えている。もちろんお客
さまのヘアチェンジを通じても新たな発見ができ、次へとつなが
るという。集客ばかりに目を向けず、自分がデザインしたヘアが
街を歩いているということを忘れてはいけないと伊東氏は語る。

磯田基徳

siki

MOTONORI ISODA

📞 **03-6450-6992**
🌐 https:// siki-hair.net/

原宿の路地裏にアットホームな一軒家サロンがある。それが
siki。代表を務める磯田氏は、ナチュラル系おしゃれ女子から熱
烈なラブコールを受けている。オープン当初はSNSでの集客に
力を入れ、キャッチーなネーミングをつける人が多い中、透明
感のある暗髪をあえてわかりやすく「#地毛風カラー」と名づ
け発信。徐々にフォロワー数を増やし、磯田氏の世界観が浸透
していった。カラーもひとつのウリではあるが、髪を巻かない
でもオイルをつければ決まる束感スタイルに支持が集まってい
る。人によって使うハサミを変え、ていねいに質感調整をする
ので自分でも再現しやすいスタイルになるという。おしゃれが
好きな人が集まる場所だけあり、ファッションとの似合わせも
重要視している。美容師は職人タイプとアーティストタイプに
分かれるが、磯田氏は後者だ。固定概念にとらわれず感覚を研
ぎすまし、今までやったことのない手の動きをしないと新しい
ものは生まれないと語る。また、サロンのトップにいながらも
コンテストに出場するなど常にチャレンジ精神を忘れない。さ
らなるチャレンジは続き、新店舗もオープンする予定だ。

DATA ·······························

🏠 **東京都渋谷区神宮前 5-18-8**
📅 **火曜**
🕚 **11:00 ～ 20:00**
　　土・日・祝日 10:00 ～ 19:00

▶ カット　¥6,700 ～
　（磯田　¥7,200）
　カラー　¥7,800
　パーマ　¥7,800　※税込み。
● 要予約　● カード支払い可

伊輪宣幸

NOBUYUKI IWA

AFLOAT JAPAN

📞 03-5524-0701
🌐 https://www.afloat.co.jp/salon/japan/

総売り上げ月間1,300万円達成、日本トップクラスの売り上げを誇る伊輪氏。どうすれば一番を狙えるかをスタイリストになったときから考え、「アフロートといえばゆふるわの巻き髪」のイメージのなか、ライバルがいないショートに狙いを定めた。伊輪ショートを『ミニーショート』と名づけ、SNSでスタイルを打ち出し自分の技術をブランド化。美容師は職人であると考え、技術を磨くための経験値を大切にし、1日40人のお客さまをカット。この人数は今でも変わらない。彼が目指すのは「360度どこから見てもオバさんぽくならない可愛いショート」。骨格や輪郭に合わせて髪をレザーで彫刻するように削っていくことで、自然な束感が生まれラフだけど可愛いスタイルが完成する。「ヘアを通じてお客さまの人生を変える」がモットー。「似合わないと思っていたショートで激変できれば人生単位で選択肢が増え、きれいになることで生活がハッピーになる。ミニーショートにはそんな力があるんです！」と語る伊輪氏。ショートは似合わない、昔失敗したトラウマがあるという人の概念を覆したいと今日もまた、ショートを切り続ける。

DATA

東京都中央区銀座2-5-14
銀座マロニエビル10F
月曜
11:00 ～ 21:30
火 11:00 ～ 19:30
土 10:00 ～ 19:30
日 10:00 ～ 18:00
祝日 10:00 ～ 18:30

▶ カット（伊輪）¥8,500
コールドパーマ ¥15,500 ～
デジタルパーマ ¥20,000 ～ ベーシックカラー ¥8,500
● 完全予約制 ● カード払い可 ● 個室あり
※伊輪さん指名の新規のお客さまは、指名料として初回に¥5,000かかります。

上原健一

Rougy

KENICHI UEHARA

DATA

東京都港区南青山 3-10-32
Aoyama Morita bldg. 1F
月曜、第 3 火曜
10:00 ～ 19:00
木・金 12:00 ～ 21:00
日・祝日 9:00 ～ 18:00

▶ カット　¥7,000（上原　¥9,000）
　カット＆カラー　¥13,000 ～
　カット＆パーマ　¥13,500 ～
● 完全予約制　● カード支払い可

📞 03-6804-6082
🌐 http://www.rougy.jp/

Cut

Cut × Style

Perm

Hair color

Treatment & Spa

少し短い前髪と柔らかく動く毛束で抜けをつくったボブ。モードな中に甘さをブレンド。

ヘア業界最高峰のコンテスト「JHA」でグランプリを獲得、業界誌の表紙を何度も飾るなど美容業界からの評価が高い。一般誌のヘア企画でも、決して派手ではないが上原氏がつくるスタイルは目を引き、誰もが心奪われる。ただ可愛いだけじゃないモードを取り入れたデザインを得意とし、その人の個性をよりよく引き出す魔術師だ。似合わせ以上のものを探すことを信条とし、ヘアを切るというよりは顔の一部としてとらえることで、なじみながらもいつもと違う魅力を引き出してくれるのだ。独特のやわらかい質感とフィット感を生み出すレザーカットも彼の武器だ。「髪は切れば切るほど汚くなることもある。素早くカットでき、毛先のおさまりがいいレザーを使うのはこだわりのひとつ」と語る。「今の自分に納得していないから、よりうまくなりたいと常に思っていますね。ただ、美容は僕にとって好きなことだから苦じゃない。やればやるほど気づきがあって楽しい。同業者からうまいよねって言われるのは素直にうれしいし」と、トップでい続けるための努力を惜しまない。

カット / Cut

内田聡一郎

LECO

SOUICHIRO UCHIDA

📞 **03-6874-3850**
🌐 https://leco.tokyo/

原宿の有名店で15年にわたりトップで活躍し、2018年に独立。再開発が進む"しぶいち"エリアに LECO をオープン。原宿にいたおしゃれキッズたちも年齢を重ね大人になった。そんな彼らを満足させる"大人ストリート"をテーマにしたサロンだ。フォーマルにも対応できる少しエッジを効かせたスタイルは男女ともに人気。お客さまの悩みを先回りして言い当て、この人にまかせれば安心という圧倒的な提案力も内田氏の魅力のひとつだ。骨格や髪質、ライフスタイルを総合的に判断してデザインを決めていくが、今までやったことのないカラーや長さ、コンプレックスで避けていたことにあえて攻め込むことも。お客さまは似合うスタイルを自分で狭めてしまう傾向にあるので、わざと挑発的な提案するのだという。業界誌やヘアショー、セミナーでつくるデザイン性の高いスタイルに注目が集まるが、彼の強みはベーシックに基づいた正確なカット。シンプルなことの積み重ねが、唯一無二のスタイルを生み出しているのだ。的確でスピーディな判断と技術、そしてダイナミックさを持って、誰よりも多くのお客さまを幸せにしている。

DATA ·······························

🔲 東京都渋谷区渋谷 1-5-5
　デュラス青山 B1
🔲 月曜
🔲 11:00 〜 21:00
　日・祝日 11:00 〜 19:00

▶ カット　￥6,000 〜
　（内田￥8,000)
　カラー　￥8,000 〜
　パーマ　￥8,000 〜
🔴 完全予約制　🔴 カード支払い可

浦さやか

otope

SAYAKA URA

「世の中にショートヘアが似合わない人はいない」。天才、感覚派とも言われることも多い浦さやか氏。常に新しいスタイル提案をし、イベントやショー、商品開発でもその名を聞かぬことはないセルフプロデュース力も抜群。絵を描くのも趣味という。日本人のコンプレックスともいえる骨格や顔の凹凸を個性に見立て、肩幅や首の長さなども加味しながら感覚と技術力を用い美しいスタイルを仕上げていく。浦氏の代名詞でもあるショートヘアやボブ、個性的な前髪。一見派手なカラーリングを含め、総合的に 2 次元と 3 次元の間ともいえる 2.5 次元的な独自の仕上がりに、遠方から訪れるファンも多い。

アジアの中の「なじみのある日本人」の個性を隠すのではなくかわいさを前に出していく。対象であるお客さまを前にしたとき、彼女の中では「ブーン」と理想のスタイルが見えるそうで、理論をそこにかぶせながら、顔や頭はもちろん全身を編集していくイメージがあるという。以前に比べて人に教えることが技術力を上げていく、進化していくことに気づいたという。

DATA······················

東京都渋谷区神宮前 6-5-6
#301
月曜
12:00 ～ 21:00
土 10:00 ～ 20:00
日・祝日 10:00 ～ 19:00

▶カット　　￥8,000
　ワンメイクカラー　￥8,000
　パーマ　￥8,000
※浦さん料金
●完全予約制　●カード支払い可

エザキヨシタカ

grico

YOSHITAKA EZAKI

☏ 03-6427-9062
🌐 http://grico-h.com/

24才で独立し、grico をオープン。競争が激しい原宿で 10 年続けていくのは容易なことではない。雑誌や、セミナー、ヘアプロダクトの開発など美容師としての活動のほか、アパレルやキャラクター考案にも携わりマルチな才能を発揮。原宿という土地柄もあり、若年層に向けたサロンと思われがちだが親子 4 世代で訪れる人もいるほどふり幅が広い。美容雑誌でも話題になった"コッコレイヤー"は、80 代女性のために考案したスタイルだという。カットだけで巻いたようなやわらかい動きを出せるのも彼だけの技法。自分の素材をいかしたニュアンスのあるヘアがつくれると評判だ。どれも、お客さまがのぞむスタイルをつくるにはどうしたらいいかをその場で考え、自分が持ち得る技術から落とし込んだもの。ないものはつくればいいというエザキ氏の考えは、ヘアプロダクトづくりにも生かされ、現在も日本を代表して新たな商材を開発中だという。女性にはきれいか可愛いしかない。目の前のお客さまを誰よりも可愛いと思い、自分ならもっと可愛くできるとハサミを入れる。お客さまを幸せにできるのは、確かな技術だけだとエザキ氏は語る。

DATA ⋯⋯⋯⋯⋯⋯⋯

◉ 東京都渋谷区神宮前 6-14-12
　モード S 2F/3F
▢ 不定休
🕚 11:00 ～ 21:00
　日・祝日 11:00 ～ 20:00

▶ カット　¥11,000
　カット＆カラー　¥18,700
　カット＆パーマ　¥18,700
　※エザキさん新規指名の場合。　※税込み。
● 完全予約制　● カード支払い可

大川英伸

Praha

HIDENOBU OHKAWA

DATA ··············

東京都渋谷区代官山町 14-6
水曜
11:00 〜 21:00
土 10:00 〜 20:00
日 10:00 〜 19:00

▶ カット　¥6,000（大川¥7,000）
パーマ　¥6,000 〜
カラー（ミディアム）　¥6,500
● 完全予約制　● カード支払い可

中性的なイメージのショートが今の気分。えり足のハネ感が女の子らしさを表現。

好きなものに囲まれ、本当の意味でのサロンをつくりたいとカフェやギャラリーも併設した Praha を 2006 年にオープン。代官山の路地裏を選んだのも「パリのモンマルトルのような雰囲気」に惹かれたからだ。ヴィンテージ家具でそろえた内装やぎっしりと並ぶレコードにも大川氏のこだわりがのぞく。非日常の空間で彼がつくり出すスタイルは、ナチュラルな中にもモードやストリートを取り入れ、一歩先行くデザインが魅力。等身バランスと 360 度どの角度から見ても美しいシルエットにこだわり、後ろ姿でも語れるヘアを目指している。その人の外見だけでなく、バックグラウンドにあるものも含めて似合うスタイルをつくることに注力。「性別、年齢だけでなく育ってきた環境も違うさまざまなお客さまを相手にするので、引き出しは多いほどいい。技術を高めること以上に、知識を増やすこと趣味を広げることが大切」と語る大川氏。トレンドを追うばかりではなく、クラッシック音楽や名画など古典に触れることで、新しいものが生まれるのではないかとも話してくれた。

カット / Cut

岡村享央

MINX 銀座店

TAKAHISA OKAMURA

DATA

東京都中央区銀座 2-5-4
ファザード銀座 2F・7F

火曜

11:00 〜 21:00　土 10:00 〜 20:00
日・祝日 10:00 〜 19:00

▶カット　¥6,500
カット＆カラー　¥12,500 〜
カット＆パーマ　¥13,500 〜
※平日は¥200引き。

●完全予約制　●カード支払い可　●個室あり

📞 03-5159-3838
🌐 https://minx-net.co.jp/

頭の形をきれいに見せ
るコンパクトボブ。計
算された髪の動きで洗
練された雰囲気に。

30 年続く美容室はわずか 0.02％というデータがある。そんな中、サロン激戦地で 30 年以上続く MINX の社長を務めるのが岡村氏。カット部門の最高責任者でもあり、彼のテクニックをまとめた書籍や DVD は、美容専門学校の教材や全国のヘアサロンで教科書として使用されている。再現性、持ちのよさ、デザインの質を高めるのは感覚よりも正しい理論とカットの精度を上げることだと岡村氏は語る。カット技術を磨くことに注力し、美容師デビューしてからも基礎を徹底的に教え込む教育プログラムを確立。"カットが上手いサロン"として支持を得ているにはきちんとした裏付けがあるのだ。卓越したカット技術に付随する、似合わせデザインも彼の得意とするところ。膨大な顧客を抱えていても目の前のお客さまとの会話を大切にし、その日の気分を瞬時に読み取ってデザインに落とし込んでいく。骨格へのフィットだけでなく気持ちにもフィットした仕上がりになるので満足度が高い。「ひとりひとりのお客さまと長いつき合いができる人が本物の美容師」と語る岡村氏のもとには、25 年以上通っているお客さまが多いというのも納得だ。

 カット / Cut

奥山政典　BEAUTRIUM Aoyama St.

MASANORI OKUYAMA

03-5775-2328
https://beautrium.com/

1989 年に誕生した BEAUTRIUM のオープニングスタッフとして参加。姉妹ブランド「CIRCUS by BEAUTRIUM」を立ち上げる。30 年のキャリアを持つ大ベテランの奥山氏。彼がつくるやわらかい質感のロングヘアは数々の大人女性を魅了してきた。ヘアはファッションのひとつ。洋服選びのように着心地のよさを重視し、朝起きたときに心地いいと感じられるようなカットを心がけている。また、カウンセリングでも洋服選びのような感覚でお客さまの思いを引き出していく。したいことよりもしたくないことを聞き出しながら、最終的に手にとってもらえるデザインを考えるのだ。常にトップを走り、サロンの先頭に立つうえで、心に留めている言葉がある。それは "遊ばざるもの働くべからず" というある本の表紙に添え書きされていた言葉だ。プライベートで見聞きして感じたことがデザインに生きてくる。スタッフにも趣味や遊びを大事にしてほしいと、休日前の夜はレッスンをしないと決めている。美容師は終わりのない仕事。お客さまと一緒に年を重ね、その時代に合わせたスタイル提案をするのが楽しみだと話してくれた。

DATA··················

東京都港区北青山 3-3-11
ルネ青山 2F
火曜、第 3 水曜
11:00 ～ 20:00
木 10:00 ～ 20:00
金 11:00 ～ 21:00
土・日・祝日 10:00 ～ 19:00

カット　¥7,000 ～
カラー　¥7,000 ～
パーマ　¥7,500 ～

予約優先　カード支払い可　個室あり
※現在、奥山さんの新規予約は受け付けておりません。

小田嶋信人

ABBEY

NOBUTO ODASHIMA

📞 03-5774-5774

🌐 https://www.abbey2007.com/

正確なカット技術とセンスの高さで、美意識の高いモデルから髪悩みを抱える大人女性まで、幅広い層から絶大な支持を集めている小田嶋氏。実家が美容室を営んでいることから、生まれたときから美容に触れ、根っからの美容好き。基本に忠実に、迷ったら基本に立ち返る。トレンドだけを追うのではなく、扱いやすく日常を過ごしやすいスタイルを心がけているという。絶壁でも頭の形をよく見せるには、さみしくなってきたトップにボリュームを出すには、顔を小さく見せるには……。お客さまの悩みやマイナスポイントをプラスに変え、あか抜けるスタイルを提案。シルエットが美しいボブやショートはスタイリングもラクと評判だ。お客さまに寄り添い、聞き上手になることで、悩みやなりたいスタイルを引き出していく。また、カットやカラー、パーマの施術中もちょっとした表情の変化を見落とさないことでお客さまが満足するスタイルを完成させる。少しの変化でも気分が変わった、きれいになったと笑みがこぼれた瞬間が最大の喜び。これからも表現の豊さを失うことなく、お客さまの美に寄り添いたいと語ってくれた。

DATA......................................

◎ 東京都港区南青山 5-7-23
　始弘ビル 2F
■ 月曜、第 2・3 火曜
⊞ 11:00 ～ 21:00
　土・日・祝日 10:00 ～ 19:30

▶ カット（小田嶋）　¥9,350
　パーマ　¥8,250 ～
　デジタルパーマ　¥15,400
　カラー（ミディアム）　¥8,800　※税込み。
● 完全予約制　● カード支払い可　● 個室あり

小村順子

ACQUA omotesando

JUNKO OMURA

03-3400-8585
http://acqua.co.jp/omotesando

美容師歴 30 年、常に第一線で活躍してきた日本を代表する美容師のひとり。「心から美容が好きで、目の前のことをひとつひとつ大切にしながら 30 年歩んできました。向いていないと思っていた仕事ですが、努力によりいつしか天職になっていました」と語る彼女の仕事は、とにかく誠実だ。その場しのぎはボロが出る。お客さまをより魅力的にきれいにしたい思いが人一倍あり、準備に余念がない。予約状況を把握し、お客さまが来店される前までにどんなスタイルを提案するかを考えておくという。長いおつき合いのお客さまに対しても "いつもと同じ" は決してしない。その人の内面を生かすことが美容師としての腕の見せどころだからだ。コンサバ、ナチュラル、モード……苦手なジャンルはない。どんなテイストのデザインをつくり上げるのも好きで、さまざまなパターンを用意し柔軟に対応できるのも小村氏の強み。昨日より今日、今日より明日。もっともっとうまくなりたいと地道に努力を重ねた結果、今がある。「私たちは縁の下の力持ち。お客さまをヘアで輝かせ、ハッピーにできれば幸せだから」と今日も入念な準備に取りかかる。

DATA

◎ 東京都渋谷区神宮前 5-2-14
　 ゲートスクエアビル 2F
　 月曜
　 11:00 〜 21:00
　 土 10:00 〜 19:00
　 日・祝日 10:00 〜 18:00

▶ カット　￥6,500 〜
　 パーマ　￥7,500 〜
　 デジタルパーマ￥11,500 〜　ワンメイクカラー　￥7,500 〜
　 ※小村さんの料金は電話でご確認ください。
● 完全予約制　● カード支払い可

片山良平　LONESS OMOTESANDO

RYOHEI KATAYAMA

📞 **03-5413-7928**
🌐 http://loness.jp/

青山エリアの有名店で瞬く間に人気スタイリストになり、2016年に独立し、本田治彦氏とともに LONESS を立ち上げた。オープンからわずか3年で、銀座にも出店。イケメン美容師として雑誌で取り上げられることも多く、軽やかにスター街道を駆け抜けているように見えるが、ストイックさは誰にも負けない。「得意ジャンルは決めず、オールマイティでありたい」と、どんなお客さまにもプロの視点で望む以上の似合う髪型を提供。若い世代だけでなく、大人女性からもその提案力と女性らしいやわらかいスタイルが支持されている。ジャンルは問わないと言いつつも、クセ毛に悩む女性たちを数多く救ってきた。クセ毛を矯正するのではなく、生かしながら可愛く変身させるテクニックはピカイチだ。経営者としてはまだまだ若いが、スタッフ教育や先を見据えたサロンづくりにリスペクトしている人たちが多い。スタッフとのコミュニケーションを大切にし、営業中も声かけを忘れない。LONESS としてのブランド力を高め、100年先も続くサロンを目指しているのだ。甘いマスクの下には男らしい野心が隠れていた。

DATA ⋯⋯⋯⋯⋯⋯⋯⋯⋯

📍東京都港区南青山 3-15-6
ripple square D2F
📅火曜、第2月曜
🕐11:00 〜 21:00
木 11:00 〜 20:00
土 10:30 〜 20:00
日・祝日 10:30 〜 19:00

▶カット（片山）¥8,000
フルカラー ¥7,500
シスパーマ ¥9,000
●完全予約制 ●カード支払い可 ●個室あり

金丸佳右

air-AOYAMA

KEISUKE KANEMARU

☏ 03-3486-8261
⊕ http://www.air.st/

日本のトップ美容集団 air において7年連続技術売上No.1に輝く金丸氏。今があるのは、ヘア＆メイクとしてファッション誌の現場で学んだことが土台にあるという。洋服をいかにきれいに見せるかがファッション誌では重要。ヘアだけが主張してはいけない。そこからファッションとヘア＆メイクの流行の移り変わりや似合わせを勉強し、サロンでのスタイルづくりにも生かした。お客さまの希望は受け入れつつ、季節感や洋服のトレンドを考慮しプロとして違った角度から魅力的に見えるスタイルを提案するのが金丸氏の流儀。どんなに長いつき合いのお客さまでもカウンセリングに時間をかけ、必ずその日のファッションをチェックするという。カットでは顔まわりに命をかけている。「金丸トライアングル」と呼ばれるカットで、メリハリをつけベースの重さは残しつつ軽やかに仕上がるという。このカットにより頭の形もきれいに見え、お手入れもラクといいことだらけなのだ。金丸氏に任せれば、必ず可愛くおしゃれになれるという安心感があるからこそのNo.1だろう。最近では、筋肉美容師としても注目を集め、男性客も増えているそうだ。

DATA⋯⋯⋯⋯⋯⋯⋯⋯⋯

◇ 東京都渋谷区神宮前 5-51-8
La Porte Aoyama 5F
火曜
11:00 ～ 21:00
木 11:00 ～ 20:00
日・祝日 10:00 ～ 19:00

▶ カット　¥6,000 ～
カラー（シングル）　¥7,000 ～
デジタルパーマ　¥12,000 ～
● 完全予約制　● カード払い可　● 個室あり

唐沢ゆりこ

SINCERELY

YURIKO KARASAWA

📞 **03-3478-5031**
🌐 https://www.sincerely-salon.com/

南青山の路地裏に佇む、隠れ家的サロン。癒やしの空間で出迎えてくれるのが唐沢氏だ。都内有名店でディレクターを務めたのち、2018 年に SINCERELY をオープン。大人女性に極上のリラクセーションを提供したいと、植物のパワーを感じられるオーガニックメニューが充実。ウエイティングスペースのソファも、思わずうたたねしてしまいそうな心地よさ。唐沢氏がつくり出すやわらかく動く髪もまた心地いい。可愛すぎず、若づくりしないちょうどいいフェミニンなスタイルは、アラフォー世代に人気だ。その人にとって "ちょうどいい感じ" をつかむために、誠実にお客さまと向き合いヘアに対する思いを聞き出す。伸ばしたいのか切りたいのか、ヘアケアにかける時間など基本的なことから始まり、角度を変えながら質問を投げかけていくことで、もっと素敵に見えるスタイルが見えてくるという。来店するたびに輝きを増しているお客さまを見るのが唐沢氏にとっての喜び。そのためには長年のつき合いがあっても、少し変化が出る提案をして、毎回新鮮な気持ちで帰っていただくことを心がけているという。

DATA······················

🏠 東京都港区南青山 4-12-1
　 フェリズ南青山 1F
📅 月・火曜
🕐 10:00 〜 20:00
　 土・日・祝日 10:00 〜 19:00

▶ カット（唐沢 / 新規）¥7,500
　 カラー 　¥7,000 〜 9,000
　 パーマ 　¥8,000 〜
● 完全予約制 　● カード支払い可 　● 個室あり

川島文夫

PEEK-A-BOO 青山

FUMIO KAWASHIMA

DATA

東都港区北青山 3-6-16
表参道サンケイビル 2F
月曜
10:00 ～ 20:00
日曜 10:00 ～ 19:00

▶ カット（川島）￥15,000
　パーマ ￥8,000 ～
　カラー（ミディアム）￥9,000
● 完全予約制 ● カード支払い可

カットラインの美しさ
を堪能できるボックス
ボブ。カラーデザイン
で遊びをプラス。

日本の美容界の礎を築いた川島文夫氏。ロンドンのヴィダル・サスーンで修業し、サロンを代表するスタイルのひとつ "ボックスボブ" を生み出した。このスタイルは40年以上たった今でも愛され続け、ベーシックとなっている。帰国後の1977年にPEEK-A-BOOを設立し、現在都内に9店舗を展開。国内外でのセミナー、ヘアショー、業界誌の撮影など精力的に活動をしているが、"現場はアイデアの宝庫" と70才になった今もサロンに立ち続ける。また「デザインは街の中から生まれる」と自転車通勤を続け、ファッションやカルチャー、季節を肌で感じるようにしているという。すぐに情報が手に入る時代、トレンド発信よりもその人らしさを引き出すための提案力が美容師にとって重要であると川島氏は語る。美容師だからつくれるスタイルを押しつけるのではなく、その人が魅力的に見え、尚且つ扱いやすい髪に仕上げるのがプロの仕事。その基本となるのはカット。1mmの妥協も許さない緻密なカットで生み出される上質なスタイルだけでなく、川島氏の姿勢も美しく周囲を魅了する。

川畑タケル BEAUTRIUM 七里ヶ浜

TAKERU KAWABATA

DATA

神奈川県鎌倉市七里ガ浜 1-1-1
WEEKEND HOUSE ALLEY #04
火曜、第 3 水曜
10:00 〜 19:00
木 10:00 〜 20:00
金 10:00 〜 19:00
土・日・祝日 10:00 〜 19:00

▶カット ¥7,000 〜
　カラー ¥7,000 〜 　パーマ ¥7,500 〜
●予約優先 ●カード支払い可
※現在、川畑さんの新規予約は受け付けておりません。

☎ 0467-39-1201
🌐 https://beautrium.com/

テーマは女性であるという最大限の魅力を引き出すデザイン。"ナチュラルで野性的"に。

「サーフィンがやりたくて海の近くにつくったよ」といたずらっ子のように笑ってみせる川畑氏。BEAUTRIUM が鎌倉市七里ガ浜にお店を構えて 10 年が経つ。都内から決して近くはないこの場所に、川畑ヘアを求めて数々の著名人が訪れる。女の子が憧れるモデルヘアを続々と生み出し、他とは"何かが違う"と思わせるちょっとしたインパクトを加えたスタイルが川畑氏の得意とするところ。欧米人のような自然に動く髪をつくるために考案したのが「スライドカット」。内側に段を入れることでハチ張りの骨格もきれいに見えるという。次々とヘア界に革命を起こしてきた彼の原点は幼少期にある。映画やアート、バレエが好きで審美眼が磨かれ、バレリーナの脚をじっと見ることで観察力も備わった。30 年以上のキャリアとイマジネーションでお客さまを目の前にすると、頭の中に明確なデザインが見えるという。あとはハサミを動かしていくだけ。「川畑さんってパワースポットみたい」という人がいる。彼に髪を切ってもらった人は笑顔になり、ハッピーが訪れるのだ。

久保雄司

SIX

📞 **03-6450-6545**
🌐 http://six-salon.com/

インスタグラムで発信していたヘアアレンジやメイクで脚光を浴びた久保氏。「# クボメイク」など彼独自のハッシュタグを用い、次々とヒットを飛ばす。なかでも「# クボメイク」は美容雑誌でも特集が組まれるほどで、メイク本も出版。彼が紹介するコスメはバカ売れし、在庫切れになることもしばしば。そんな人気絶頂の 2017 年、時を同じくして独立し、表参道にSIX をオープン。たまたまタイミングが合致したというが、それもまたスターの証ではないだろうか。メイク中心のセミナー依頼も多いが、彼のベースは美容師。女の子を可愛く見せる顔まわりのデザインがウリだ。顔の印象を決めるのは前髪と顔まわりが 9 割を占めると考え、幅、長さなどミリ単位で調整。髪の毛を束ねたときのことまで考え、横から見ても可愛いおくれ毛を仕込むのが特徴。数々のヒットはお客さまがいてこそ生まれたものだという。生の声を聞き、ヘアデザインやメイクに落とし込んでいくのだ。リアルトレンドを生む、クボマジックにこれからも期待したい。

DATA ·····························

📍 東京都渋谷区神宮前 5-41-2
  青神道ビル 2 F/3F
🗓 火曜
🕐 11:00 〜 20:00
  土・日・祝日 10:00 〜 19:00

✂ カット　￥6,500 〜
  カラー　￥6,000 〜
  カット＆パーマ　￥14,500 〜
⚫ 完全予約制　⚫ カード支払い可

 カット / Cut

熊谷心

Salon 銀座

☎ 03-6274-6466
⊕ http://salon-gloabal.jp/

老舗サロンに 25 年勤め、雑誌撮影やヘアショー、商品開発などに携わり活躍。2008 年、銀座にハイクラスをコンセプトにした「Salon」を立ち上げ、最高顧問として指揮をとる熊谷氏。都会的でハイセンスなショートやボブを得意とする。長さをカットするだけでなく、毛量調節、質感調節に神経を注ぎ軽やかなフォルムをつくり出す。銀座という上質な場所では、美容師の所作や外見にも品の良さが求められる。徹底して見た目の美しさやフォルムにこだわりを持ち、生み出すヘアデザインだけでなく使用するシザーも熊谷氏こだわりの逸品だ。カットしているサマも美しく、ひとつのエンターテイメントとして楽しめる。大人女性の顧客が多いため、大胆なイメージチェンジやトレンドばかりを提案するのではなく、家で再現できることを重要視。美髪をテーマに髪のコンディションを整えるトリートメントに力を入れているのも大人サロンならでは。30 年というキャリアに基づき、モード、フェミニン、スタイリッシュなど女性の幅広いニーズに的確に応えてくれる。お客さまを幸せにするために技術の品質向上を常に追求し続けている。

DATA··

◎ 東京都中央区銀座 5-9-1
　銀座幸ビル 9F
◎ 火曜
◎ 11:00 〜 21:00
　土 10:00 〜 20:00
　日・祝日 10:00 〜 19:00

▶ カット　￥7,400 〜
　（熊谷　￥10,200）
　カラー（スタンダード）　￥8,400
　パーマ（スタンダード）　￥9,000
● 完全予約制　● カード支払い可

河野悌己

GARDEN Tokyo

DATA

東京都中央区銀座 7-9-15
GINZA gCUBE 11F
月曜
（※祝日の場合は 10:00 〜 18:00 営業）
火・水 11:00 〜 20:00
木 12:00〜21:00　金 13:00〜22:00
土 10:00〜20:00　日 10:00〜18:00
祝日 10:00〜19:00

▶カット（河野）　¥9,000
　ベーシックパーマ　¥8,000　デジタルパーマ　¥11,000 〜　ベーシックカラー　¥8,000
● 完全予約制　● カード支払い可　※現在、GARDEN New York と GARDEN Tokyo での勤務
となります。スケジュール、予約に関しては電話にてご確認ください。

どこか色っぽさも感じ
るクールなショート。
美フォルムと絶妙な束
感で魅了。

日本のトップサロン集団 GARDEN がニューヨークに進出した
のが5年前。オープニングから中心メンバーとして N.Y. へ渡
り、現在は日本とアメリカを行き来する河野氏。雑誌撮影やセ
ミナー、ヘアショーなど日本でも精力的に活動し、おしゃれヘ
アを発信している。サロンワークではお客さまの要望をくみ取
りながらデザインに落とし込み、よりナチュラルなスタイルを
追求。髪という素材を大事に扱い、すくのではなく一本一本を
カットして質感や量を調整していくので髪を傷めずに仕上げ
ることができる。また、コンプレックスを見抜く力と、それを
解消する力は群を抜いている。その力は海外でも生かされ、
ファンをつかんだ。「日本では今日はどうしますか？から入る
けれど、N.Y. ではきみはどうしたいんだと聞かれるので、提案
力がないと生き残れない。英語での会話はまだまだだけど、絵
を描いたり写真を見せたり伝えようと思う気持ちがあればな
んとかなるもの」と河野氏。海外でも信頼を得、今では N.Y. か
ら日本のお店に髪を切りにくるお客さまもいるそうだ。

小谷英智香

dakota racy

HIDECHIKA KOTANI

📞 **03-6434-5125**
🌐 http://www.salon-dakota.com/

全国のサロンで使われているカラー剤の開発に携わっていることから、小谷氏といえばカラーのイメージを抱く人も多いが、抜け感のあるカットにも定評がある。70年代、80年代の海外ミュージシャンからインスピレーションを受けた脱力感のあるスタイルは、感度の高いおしゃれ女性から人気が高い。小谷氏が生み出す抜け感は、レザーと削ぎバサミによるもの。削ぎバサミは、束感がしっかりと出るものをチョイス。欧米人のような抜け感を出すために、どんなテクニックと道具がふさわしいかにこだわった結果だ。彼のカットはとにかくスピーディ。「1から10まであるマニュアルをそのままなぞるのではなく、効率よく仕上げるにはどうすればいいかを考えていくと、その先に面白いバランスが見えてくる」と小谷氏は語る。美容師は終わりのない仕事だからこそ、常に変化を求め進化していくことが大事なのだ。人生の先輩たちからも「あなたが今までで一番うまい」と言われるオンリーワンの存在になりたいという。サロンが掲げる "色香・品格・脱力感" をベースにした手に取れる最高級のデザインは、スタッフたちにも継承されている。

DATA·····················

🏠 東京都港区北青山 3-5-9
　マネージュ表参道 3F
📅 無休
🕐 10:30 ～ 14:00
　/15:00 ～ 20:30
　火・土・日・祝日
　10:00 ～ 19:00

▶ カット　¥7,000 ～
　（小谷　¥8,000）
　カラー　¥7,800 ～
　パーマ　¥7,800 ～
● 完全予約制　● カード支払い可

小松敦

HEAVENS

☎ **03-5469-8864**
🌐 http://www.heavens.co.jp/

1993 年に HEAVENS を立ち上げ、現在 3 店舗を展開。独自の技術論「ツーセクション・カット」やアグレッシブなヘアデザインで注目を集め、還暦を迎えた今もバリバリの現役。背筋がピンと伸び、誰よりも元気だ。ナチュラルでもなくやりすぎでもない、日常的でクリエイティブなものを "リアリティブ" と名づけ、ヘアデザインを考える上でのベースにしている。ヘアデザインをつくるうえで大切にしているのは再現性。クセや毛量の多さなどネガティブに感じる要素もあえて生かしてカットすることで、扱いやすくしかもデザインに個性が生まれるという。洗って乾かすだけで形が決まり、数カ月たってもサマになる持ちのよさにほれ込んで通い続けているお客さまが多い。技術がうまくなること以上に楽しいことはないと語る小松氏。経験を積み重ねることで、昔は難しいと感じたことが今では簡単にクリアできるようになり、成長を感じられるという。無理な向上心ではなく、仕事が好き、美容師が好きというシンプルな思いだけ。彼の美容師としての技術、生き様は後輩たちの指針となっている。

DATA······························

📍 東京都渋谷区神宮前 5-12-10
🚪 火曜
🕐 11:00 〜 20:00
　 土・日・祝日 10:00 〜 19:00

▶ カット　¥7,260 〜
　（小松　¥8,140）
　 カラー　¥8,470 〜
　 パーマ　¥8,470 〜　※税込み。
● 完全予約制　● カード支払い可

小松利幸

ANTI

TOSHIYUKI KOMATSU

☎ 03-5778-7111
🌐 https://anti-world.jp/

パーマの魔術師として知られる小松利幸氏。青山の一等地で24年続くANTIのBOSSだ。90年代のカリスマ美容師ブームの立役者のひとりであり、彼のもとで技術を学んだ次世代のスター美容師も数多く輩出。独立後、巻き方によってさまざまな形がつくれるパーマの楽しさに気づき、「自分の美容を突き詰めたい」と、「パーマ」にこだわっていくことを決意。常に思考をめぐらせ、新たなデザインを生み出すことにも貪欲だった。円錐ロッドやエアウェーブの開発も、新たな毛束の動きをつくるためのひとつ。飽くなき探求心のもと、パーマ100年の歴史を変えるオリジナルメソッド「KPM」を生み出し、2019年特許を取得。「パーマ＝髪が傷む」という概念を覆し、パーマをかけることで髪をよりよい状態にし、カラーとの共存もはかれるのだ。パーマだけでなく、オリジナルのカット、カラー技術理論で、気分にフィットした欧米人のようなやわらかいディテール、質感を生み出してきた小松氏。なければつくればいいという精神と、諦めない強い心で美容愛を体現。巨匠と呼ばれる今も、デザインの追求と技術の向上、思考の成長を目指している。

DATA ·······························

◎ 東京都港区南青山 6-1-3
　コレッツィオーネ 2F
　火曜
🕐 11:00 ～ 21:00
　金 13:00 ～ 22:00
　土 10:00 ～ 20:00
　日・祝日 10:00 ～ 19:00

▶ カット　￥10,000
　カット＆エアウェーブパーマ
　￥25,500　カラー　￥13,500 ～　※小松さん料金

● 完全予約制　● カード支払い可　● 個室あり
※小松さんの新規予約に関してはサロンにお問い合わせください。

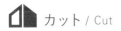 カット / Cut

坂狩トモタカ

SHEA.

📞 03-6450-6985
🌐 https://shea.tokyo/

2018年表参道にSHEA.をオープン。わずか1年で青山にも出店し2店舗を抱える代表の坂狩氏。一般誌、業界誌の撮影、コンテストの審査員、セミナーなど多忙を極める美容師のひとりだ。全国を飛び回りセミナーを行うのは、パーマ改革を行いたいという思いがある。パーマはかけたほうがいいと思わせる「毛先だけパーマ」を打ち出し、SNSでも発信。扱いやすく、簡単に可愛くおしゃれになれると瞬く間に評判になった。パーマを生かすのはかたい髪でもやわらかい質感に見せるレイヤーテクニック。乾かしたときにふわふわっとした動きを感じさせ、色っぽい質感を出すのが得意技。カットはジャズライブのようなものだという坂狩氏。次の来店まで快適に過ごせる心地いいヘアづくりは基本中の基本。髪を切りながらお客さまとセッションし、その人がイメージする仕上がりを超えるデザインを生み出していく。髪を切ることこそがお客さまとの対話だという。正解がない仕事だけに、常に挑戦し自分をアップグレードさせることを忘れない。朝の時間を使ってスタッフとともスキルを磨く「#あさびよう」も行っている。

DATA ·····························

◎ 東京都渋谷区神宮前 5-46-16
　 イルチェントロセレーノ 2F
🔥 火曜
🕚 11:00 ～ 20:00
　 木 11:00 ～ 21:00
　 金 10:00 ～ 20:00
　 土・日・祝日 10:00 ～ 19:00

▶ カット 　￥6,000 ～
　（坂狩　￥10,000）
　 カラー 　￥7,150 ～
　 カット＆パーマ 　￥12,500 ～
⬤ 完全予約制　⬤ カード支払い可

坂巻哲也

TETSUYA SAKAMAKI

apish ginZa

☎ 03-5537-6177
🌐 https://www.apish.co.jp/

裏原宿からスタートし、20年以上続くapishを率いる坂巻氏。現在、青山、銀座などに9店舗を展開。"キレイでカワイイ"をコンセプトにヘアデザインを提案。お客さまも年齢を重ねていることから、キレイとカワイイの割合を変え、アンチエイジングを加えた大人ヘアづくりが主流となっている。似合わせや再現性といったカット技術は当然ながら、心理カウンセラーのようなカウンセリングは、博学な坂巻氏ならでは。お客さまが発する言葉だけでなく、髪を触る手の動きも見逃さない。気分や女性像に合わせたデザイン訴求が多いなか、坂巻氏が優先するのは悩みに寄り添うこと。その後になりたい女性像がついてくるという。長年トップでい続けるために、継続だけでは足りない、変化を怖がらず全速力で進化をすることを意識していると坂巻氏は語る。それはスタイル提案においてもそう。また、「準備なきところにチャンスなし」を心に刻み、今でき得る準備を怠らない。ヘアデザイナーでありヘアドクターでありたいと、健康に関する勉強にも余念がない。インプットとアウトプットを繰り返し、さらなる進化を遂げているのだ。

DATA ·····················

⊕ 東京都中央区銀座 5-3-13
　GINZA SS 85 ビル 3F
⊗ 月曜
⊙ 火 12:00 〜 20:00
　水・金 12:00 〜 22:00
　木・土 11:00 〜 20:00
　日・祝日 10:00 〜 19:00

▷ カット ¥6,700 〜
　カラー ¥7,200 〜　パーマ ¥8,200 〜
● 完全予約制　● カード支払い可　● 個室あり
※現在、坂巻さんの新規予約は受け付けておりません。

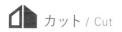

サトーマリ

siika NIKAI

MARI SATO

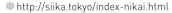

📞 03-6455-0309
🌐 http://siika.tokyo/index-nikai.html

原宿の有名店で美容師人生をスタート。折しも原宿系女子や読モブームの時代。サトー氏も人気読モを担当し、瞬く間に注目を集める存在に。出産を機に、独立。2016 年、学芸大学に siika を立ち上げ、2019 年には中目黒に siika NIKAI をオープン。原宿のサロンで培ったカラー技術は今も健在。サトー氏にしか出せないハイトーンやおしゃれカラーを求めて、かつての原宿系女子たちを中心に訪れる。伸びてもなじみのいいハイライトや、毛先だけのポイントカラー、顔まわりに忍ばせるインナーカラーなど、中目黒に集うハイセンスな大人たちも満足させるデザインカラーも人気だ。指名してくれたからには少しでも可愛く、おしゃれになってほしい。お客さまの希望であってもプロから見てできないことはしっかりと伝える。その上で、意見をお互いが出し合いながら方向性を決めていくのがサトー氏のカウンセリングだ。カラーに注目が集まるが、カットの技術とデザイン力も他を圧倒。大胆にカットしたショートバングや、パツンとカットしたボブ、ジェンダーレスなショートなど他とかぶらないオンリーワンのデザインと出会えるはずだ。

DATA ·······························

◎ 東京都目黒区上目黒 1-13-6
　 mieux 中目黒 2F
◎ 火曜、第 3 水曜
◎ 10:00 〜 20:00
　 日・祝日 10:00 〜 18:00

▶ カット　¥6,000
　 シングルカラー　¥7,000 〜
　 パーマ　¥7,000 〜
● 完全予約制　● カード支払い可

カット / Cut

澤野秀樹

ANNE.

HIDEKI SAWANO

☎ 03-6452-4802
🌐 https://www.anne-hairdesign.com/

表参道の有名店で長年クリエイティブディレクターを務めたのち、2018年に ANNE. をオープン。ヘアスタイルの形をつくるのではなく、その人の雰囲気を引き立たせるための手助けをしていると考える澤野氏。そのためには前髪と毛先の質感が重要で、こだわってこだわり抜いてつくるという。彼のデザイン発想も独特だ。お客さまを目の前にすると、街を歩く姿や仕事をしている姿、カフェでお茶をしいる姿がイメージでき、日常の中で美しく動くヘアデザインがわいてくる。目指すのは、信号待ちで反対側を見たときにふと目が行くスタイル。リアルな生活のなかで魅力を感じるヘアを生みだすため、またテクニックの幅を広げるために電車通勤を続けている澤野氏。日常のヘアスタイルをじっくりと観察できるのは電車の中が一番というのが持論だ。観察と分析をすることでお客さまを素敵にするための引き出しが増えていく。日常を意識するのは髪の動きだけでなく、ノンブローでもイイ感じになることと持ちのよさ。伸びてもおしゃれに見えることもイメージしながら、エモーショナルにヘアスタイルをつくり続けている。

DATA··············

◎ 東京都目黒区上目黒 3-1-13
Ace 中目黒 1F
🗓 火曜
🕚 11:00 〜 21:00
土 10:00 〜 20:00
日・祝日 10:00 〜 18:00

▶ カット　¥6,500 〜
カット＆カラー　¥13,500 〜
カット＆パーマ　¥14,000 〜
● 完全予約制　● カード支払い可

カット / Cut

薫森正義

MASAYOSHI SHIGEMORI

Rougy

📞 **03-6804-6082**
🌐 http://www.rougy.jp/

ひと目見て、おしゃれ！とわかるセンスのよさは、美容エディターたちから全幅の信頼を寄せられ、ヘア企画でのオファーが絶えない。レザーカットで生み出される "ゆるいモードヘア" が薫森氏の専売特許。レザーを使う利点は、日本人のかたく太い髪をやわらかく動かせること。髪を削ぎ薄くするのではなく、積み重ねていきながら、毛先のやわらかさを残したまま形をつくるテクニックには自信を持っている。ゆるいモードのゆるさは、抜け感であったり毛先のやわらかさ。モードはエッジを効かせたラインや重さ。人によってその割り合いを変え、個性をプラスしていく。どこかにハズシを加えるのも薫森流。その素敵な違和感が目に留まるヘアとなるのだ。お客さまへのウソのない接客も、彼が支持されている理由のひとつだ。20 代からover40 まで幅広い層の媒体で活躍しているが、彼がつくり出すスタイルには 1 本軸が通っている。それは彼が愛してやまないクラシカルな要素が必ず入っていること。好きなものを突き詰めることで、結果、世界が広がりデザインのバリエーションも増えるという。プライドを持った仕事をぜひ体感してほしい。

DATA ·····························

🔸 東京都港区南青山 3-10-32
　　Aoyama Morita bldg. 1F
🔸 月曜、第 3 火曜
🔸 10:00 〜 19:00
　　木・金 12:00 〜 21:00
　　日・祝日 9:00 〜 18:00

▶カット　￥7,000
　（薫森　￥9,000）
　カット＆カラー　￥13,000 〜
　カット＆パーマ　￥13,500 〜
🔸完全予約制　🔸カード支払い可

設楽雅貴

FILMS GINZA

MASAKI SHIDARA

📞 **03-6263-2966**
🌐 https://films-hair.com/

若い経営者たちが続々誕生しているサロン業界。設楽氏もその
ひとりだ。別のサロンで働いていた若林氏、笠井氏とともに
2017年、銀座にFILMSをオープン。三人寄れば文殊の知恵で
はないが、それぞれの得意分野を生かしたサロン運営を行って
いる。滑り出しは好調で、田町芝浦に2店舗目をオープン。設
楽氏が得意とするのはスタッフ教育。FILMSでは道徳の時間を
設け、心の教育にも力を入れている。お客さまから好かれたい、
うまいと思われたいではなく、お客さまに興味を持ち、好きに
なることがよりよいデザインを生むからだ。極端な話だが、左
右の長さを完璧にそろえられなかったとしても、その人のこと
を思いハサミを入れることが心を動かす技術を生むと考えて
いる。技術の面では職人気質。骨格診断をもとに、頭の形をき
れいに造形していく。肌なじみがよく切りたて感のないカット
で、前からショートだったような質感を出すのが得意だ。全国
でセミナーを行う技術講師としても人気だが、自らも定期的に
セミナーを受講し、技術向上に努めている。

DATA ··························

📍東京都中央区銀座 1-8-7
　VORTGINZA 6F
🕐火曜
🕐月 12:00 ～ 20:00
　水 12:00 ～ 22:00
　木 12:00 ～ 21:00
　金 12:00 ～ 22:30
　土 10:00 ～ 20:30
　日・祝日 10:00 ～ 19:00

▶カット（設楽）　¥6,500
　フルカラー　¥8,000
　ホットスチームパーマ（カット込）　¥16,500 ～
●完全予約制　●カード支払い可

渋谷謙太郎

SUNVALLEY

KENTARO SHIBUYA

DATA

◎ 東京都港区南青山 5-2-12
　 G ビル B1
◎ 火曜、第 2・4 月曜
◎ 11:00 〜 21:00
　 木・土 10:00 〜 20:00
　 日・祝日 10:00 〜 19:00

▶ カット（渋谷）　¥10,000
　 カラー（シングル）　¥8,000 〜
　 パーマ　¥9,000 〜

● 完全予約制　● カード支払い可　● 個室あり

パツンと切りそろえた
カットラインに、女性
らしいやわらかな動き
をつけた前髪を投入。

世界の有名ブランドが立ち並ぶ表参道に SUNVALLEY はある。地下でありながら開放感があり、誰もが気軽に足を運べるオープンな空間だ。朝日氏と共同代表を務める渋谷氏のもとには、数多くのタレントや女優、モデルが足しげく通う。彼の魅力はやはり経験に裏づけされた技術と、お客さまに誠実に向き合う姿勢だろう。美容に対しての熱量と目の前の人を喜ばせたいという気持ちは誰にも負けない。数々のヒットヘアを生み出してきたが、決して独りよがりではなく相手を尊重し、今の気分やなりたい女性像を話し合いながらデザインをつくってきた結果だ。どんなレングスでもフォルムを大切にし、骨格の良さを引き出すために極力シンプルにカットするように心がけている。ブランドカットにこだわったボブやショートスタイルには定評がある。ヘア＆メイクとして雑誌やテレビでも大忙しだが、ベースはサロン。20 年も通い続けてくれるお客さまが多いという。大人女性の髪悩みを知り尽くしているので、女性がより一層輝けるスタイルをこれからもつくり続けてくれるだろう。

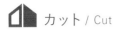
下村幸弘　　M.SLASH センター北

YUKIHIRO SHIMOMURA

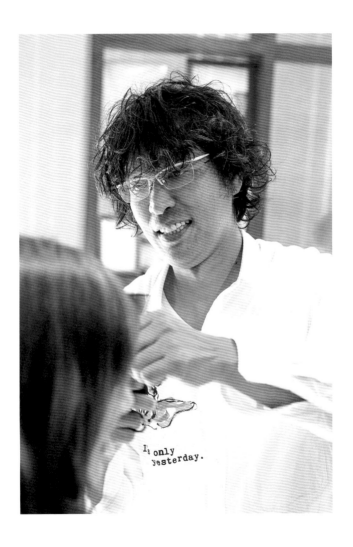

📞 **045-912-3494**
🌐 https://mslash.co.jp/

東京、神奈川を中心に展開する人気サロン M.SLASH のクリエイティブディレクターを務める下村氏。講師として国内外の技術セミナーに引っ張りだこで、その数は年間 40 本超え。クールな印象を受けるが、やさしい語り口調が安心感を与えてくれる。頭のてっぺんからつま先までをディレクションする気持ちでお客さまと本気で向き合い、先回りをして悩みを次々とついていく。お客さまからの「そうなんです！」という言葉を引き出しガッチリと心をつかむのだ。ハサミを使う前のファーストコンタクトでどれだけ信頼を得られるかが大切。技術があっても「任せたい」と思わせられなければ、宝の持ち腐れになると、サロン全体でもカウンセリング教育に力を入れている。ひとつの女性像に絞らず、必ず 2 〜 3 パターンのデザインを提案するのも彼の強み。鋭い視点で最高のパーソナルデザインを叶えてくれるのだ。教える立場になっても今の技術に満足せず、アンテナを張りめぐらせ自分にないものを積極的に取り入れる。いいなと思ったデザインは展開図に起こしウイッグをひたすらカット。そんな妥協のない姿勢が、多くの人をひきつけるのだろう。

DATA ·······························

📍 神奈川県横浜市都筑区
中川中央 1-29-1
🗓 火曜
🕙 10:00 〜 19:00
金・土 10:00 〜 20:00
日 9:00 〜 19:00

▶ カット（下村）￥8,000
シングルカラー（ミディアム）
￥6,500
パーマ ￥7,000 〜

● 当日受付可（予約優先）　● カード支払い可　● 個室あり

菅野太一朗

LANVERY

TAIICHIRO SUGENO

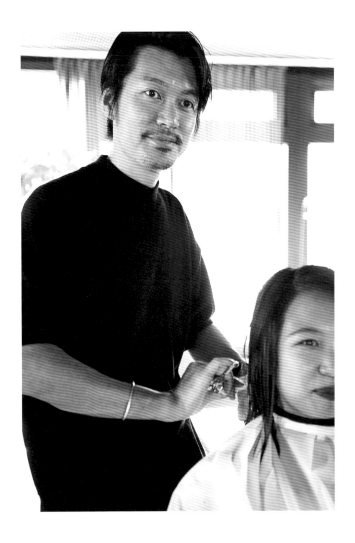

☎ 03-6805-1656
🌐 http://lanvery.jp/

2016年にLANVERYをオープン。ビルの最上階にあり、表参道の広い空を感じながら施術が受けられる上質なサロンだ。美容師になって20年、担当するお客さまも年を重ねていることもあり、同世代に喜んでもらえる大人向けのサロンを目指している。菅野氏のお客さまからは、カットした後は必ず周囲からほめられる、家でのスタイリングが簡単、時間がたっても素敵に見えるとの声が多く寄せられる。ほめられるにはワケがある。ただ似合わせるのではなく、デザインに新鮮さを加えているから。スタイリングがラクなのは、ルーティンに合わせてがんばらなくても再現できるようカットしているから。持ちのよさは、20年で蓄積された膨大なヘアデータから、未来が予測できるからだ。伸びても素敵に見えるのは、若手の頃、なぜ自分のカットは1カ月で崩れてしまうのかを検証し、技術を改善してきたことも大きい。高揚感を持ったままサロンを出られるよう、時間と気持ちの配分も計算して施術にあたる。決して饒舌ではないが、お客さまの仕草ひとつからも悩みを読み取る洞察力に長け、思いに寄り添い、質の高いおもてなしを提供している。

DATA ·······························

📍 東京都渋谷区神宮前 5-2-5
　 MAX & Co.Building 6F
📅 水・日曜、不定休
🕐 11:00 ～ 19:30
　 土・日・祝日 11:00 ～ 18:30

▶ カット　　¥7,000 ～
　 カラー　　¥9,000 ～
　 パーマ　　¥8,000 ～
● 完全予約制　● カード支払い可

カット / Cut

太市

Side Burn

TAICHI

DATA

東京都渋谷区神宮前 3-5-2
EF ビル B1
火曜、第 2・4 月曜
11:00 ～ 20:00
土 10:30 ～ 19:30
日・祝日 10:30 ～ 18:30

▶ カット（太市）　¥8,000
　パーマ（太市）　¥15,000 ～
　カラー　¥6,000 ～
● 完全予約制　● カード支払い可

輪郭を覆うのではなく、
潔く出すことで内面の
強さを表現し、しなや
かで知的な女性に。

「人の髪をデザインするのはクリエイティブなこと」と、自分
の感性が錆びないよう感情が赴くまま我流で写真や映画制作、
音楽に挑戦してきた。2年ほど前から取り組んでいるのが、近
所に咲く草花を「投げ入れ」という手法で花器に生けること。
川瀬敏郎さんの著書『一日一花』と出会い、ビビビッと衝撃が
走ったのがきっかけだ。あるがままに生ける花と、その人の素
材を大切にして個性を引き出していく自身の姿勢とを重ね合
わせたという。日本の美意識である引き算の美学もまた、太市
氏がつくるヘアに通じるものがある。サロンのお客さまを被写
体にしたポートレート作品集『カミハトモダチ』には、太市氏
の手で"なりたい自分"を叶えて輝く人たちが並ぶ。過剰なお
もてなしはしないが、自然体でその人に向き合うことを心が
け、気分やどうなりたいかを見抜く力は天性のもの。外見だけ
でなく気分にもフィットさせること、半歩先行くモード感を表
現することを大切にしたスタイルは誰にもマネできない。ある
がままのスタイルをこれからも世界に発信していくだろう。

カット / Cut

高木裕介　　U-REALM omotesando

YUSUKE TAKAGI

DATA

東京都渋谷区神宮前 5-6-13
ヴァイス表参道 2F
不定休
12:00 〜 21:00
土・日・祝日 10:00 〜 20:00

▶カット　　￥6,500 〜
　カラー　　￥6,500 〜
　パーマ　　￥6,500 〜
　高木さんカット（＋トリートメント or ヘッドスパ込）　￥30,000
●完全予約制　●カード支払い可　●個室あり

Cut

レイヤーで適度な軽さ
を出した抜けのあるス
タイル。パーマとの融
合でやわらかい質感に。

アシスタント時代からヘア＆メイクとして注目を集め、20代か
らトップランナーとして走り続けてきた高木氏。AFLOAT・宮村
氏のもとで技術を磨き、2005年に独立。順風満帆のように見え
るが、経営者となり挫折を味わうことに。しかしその経験が彼
を美容師として、人として成長させた。スタッフが辞めないサ
ロンづくりに邁進し、技術教育だけでなく労働環境の改革にも
力を入れた。その結果、FC加盟店を含め17店舗を抱えるまで
に成長。もちろん美容師としてもセミナーや雑誌のオファーは
いまだ絶えない。カラーに注目が集まる時代だが、美容師の基
本はカットであると考える高木氏のテクニックはまさに神ワ
ザ。毛量、髪質、場所に合わせて的確に入れていくレイヤーは
なかなかマネできるものではない。その裏には売れっ子になっ
てからもカットスクールに通うなど地道な努力があった。時代
を読むセンスだけでなく、常に高みを目指す姿勢があるからこ
そ第一線で活躍できるのだろう。お客さまにとってもスタッフ
にとっても居心地のいいサロンを目指し、彼の挑戦は続く。

カット / Cut

髙田幸二

air-GINZA central

KOJI TAKADA

DATA

東京都中央区銀座 6-9-3
銀座 AK ビル 5F
火曜
11:00 〜 21:00
日・祝日 10:00 〜 19:00

▶カット　￥6,000 〜
　カラー（シングル）　￥7,000 〜
　エアウェーブ　￥12,000 〜
●予約優先　●カード支払い可

根元からふわっと動く
エアリーな質感が特徴。
ゆるりと髪を巻き、品
のいい可愛さをプラス。

20周年を迎えたトップサロンairで、創業当初から社長の岩田卓郎氏と二人三脚で歩んできた副社長の髙田幸二氏。組織のリーダーとしてだけでなく、プレイヤーとしても憧れの存在だ。airといえばコンサバスタイルというイメージだが、髙田氏がつくるスタイルはナチュラルでヘルシー。カチッと決めるのではなく、動きに合わせてくずれてもサマになる上質なスタイルは多くの女性たちを魅了する。ふわっと動く独特の質感は、彼にしかできないドライカットにある。ハサミをすべらせるのではなく、根元のほうから点でカットしていくことで、自由に動く髪がつくれるのだという。air立ち上げ前、パリコレでヘア＆メイクをしているときにフランス式のドライカットに魅せられ、日本人の髪にもできないかと研究を重ねあみ出したオリジナルのテクニックだ。air内でも、ある一定レベルに達したものだけが技術を伝承できるという。つくり出すヘアスタイルと同様に、接客も自然体。悩みを理解し寄り添うことで、押しつけではないお客さま主体の似合うスタイルが提供できるのだ。

高橋あや

Luxe

AYA TAKAHASHI

☏ 03-5414-5588
🌐 http://www.luxe-net.com/

板倉氏が率いる Luxe にオープニングメンバーとして参加。25歳の若さで店長を任され、現在はビューティ＆アートディレクターとしてサロンの中心的存在となっている高橋氏。インテリアデザイナー佐藤オオキ氏が手がけたラグジュアリーな空間に負けないよう、上質なヘアスタイル提案に心血を注ぐ。今では一般的に使われるようになった"大人可愛い"スタイルは、彼女が走り。目の形、鼻の高さ、ひたいの形などさまざまなパーツのバランスを考え、顔まわりのデザインでコンプレックスを解消するのが彼女の得意とするところ。「Luxe ボブ」と呼ばれる、ラインをしっかりと出したボブにパーマやレイヤーでニュアンスのある動きをつけたスタイルにも定評がある。撮影やセミナーを任されることも多く、もとの素材がいいモデルをより可愛くするためにはどうしたらいいのかを考えることが、スキルアップにつながったという。最近は、ファッションやスキンケア、メイクも含めたトータルプロデュースに力を入れ、女性の美をサポート。メイクや時短ケアのアドバイスも好評だ。女性ならではの感覚と視点で、大人女性から支持を得ている。

DATA ·······························

🏠 東京都港区南青山 4-21-23
　　宮田ビル B1
📅 月曜、第 1・3 火曜
🕐 11:00 ～ 21:00
　　木 11:00 ～ 20:00
　　土 10:00 ～ 20:00
　　日・祝日 10:00 ～ 18:00

▷ カット　￥6,500
　　アルカリフルヘッドカラー　￥7,000
　　カット＆ソフトウェーブ　￥13,000　※ディレクター料金
● 完全予約制　● カード支払い可

カット / Cut

田中衛
MAMORU TANAKA

NORA Journey

DATA

東京都渋谷区神宮前 4-3-21
NODERA BLDG 2F
不定休
11:00 ～ 21:00
土 11:00 ～ 20:00
日・祝日 11:00 ～ 19:00

▶ カット（田中）　¥8,000
　水パーマ　¥8,500
　デジタルパーマ　¥11,500
　フルカラー　¥7,500
● 完全予約制　● カード支払い可

定番ボブも外ハネと顔
まわりのデザインで都
会的な雰囲気に。同性
も憧れるカッコよさ。

店内にはカフェカウンターがあり、ほっとひと息つけるくつろ
ぎの空間。居心地のいいサロンの雰囲気同様、田中氏がつくる
スタイルはスタイリッシュでありながら、背伸びしない心地よ
さがある。それは"着心地のよさ"を大切にしているからだ。ヘ
アの着心地とは、指通りのよさ、再現性、そしてライフスタイ
ルやそのときの気分にフィットしていること。そこに都会的な
エッセンスを加えてデザインをする。着心地のよいヘアをつく
るために、お客さまとのコミュニケーションを一番に考え、一
方通行の提案はしない。そしてスタイルを仕上げて終わりでは
なく、次回の来店時に髪の状態を見て改善すべき点を探ること
も欠かさない。ハネてしまうのはなぜか、自分でスタイリング
しにくいのはなぜかと考え、修正をしていく。お客さまの人生
を豊かにするためのヘアデザインも真剣に考える。「お客さま
に興味が持てなくなったらカットはうまくならない」と語る田
中氏。髪を通じてお客さまの人生をともに歩む責任を感じなが
ら、日々の鍛錬を惜しまない。

 カット / Cut

CHIKA

artifata

☎ **03-5766-5663**
🌐 https://www.artifata.com/

90年代のカリスマ美容師ブームを牽引したヘア界のレジェンド、CHIKA氏。N.Y.やハリウッドで世界のセレブリティのヘア＆メイクを担当し話題に。近年はサロンを中心とした活動に戻り、"すべての女性を美しく"をテーマに、その人が本来持つ美しさを引き出すサポートに注力している。CHIKA氏のカットといえば、その名も「CHIKA＋CUT＝チカット」。欧米人のようなやわらかい質感とフォルムを生み出すために独自に開発したカット技術だ。「チカット」は、可愛い状態が3カ月持つと評判。CHIKA氏の手にかかれば、コンプレックスと感じていることも、おしゃれに変わる。丸顔を小さく見せることよりも素敵に見せることが最優先でなくてはいけないという。リアルではないスタイルをつくらないのもポリシー。サロンにはヘアカタログは一切置いていない。誰かのマネではなく、オリジナルをつくるのが仕事だからだ。また、最近はモデル経験のない一般女性をカットとパーマで変身させる企画を進行中。新たな魅力を発見したときの、女性の表情が何よりの喜びだという。これからも美容の最前線で最先端をつくり続けていくだろう。

DATA ……………………………
◎ 東京都渋谷区神宮前5-9-15
　トータルアートワークスクエア
▫ 月曜、第1・3火曜
▫ 10:00 〜 20:00
　日・祝日 10:00 〜 19:00

▶ カット 　￥6,600 〜
　（CHIKA 　￥10,000）
　カラー 　￥6,500 〜 　パーマ 　￥7,000 〜
● 完全予約制 　● カード支払い可 　● 個室
※ CHIKA さんの新規予約は平日のみ受け付け。

カット / Cut

塚本繁

K-two 銀座

SHIGERU TSUKAMOTO

DATA

東京都中央区銀座 7-8-7
GINZA GREEN 6F
火曜
月 11:00 〜 19:30
水・木・金 12:00 〜 20:00
土 10:00 〜 19:00
日・祝日 10:00 〜 18:00

▶ カット　¥7,000　（塚本　¥7,500）
　カラー　¥8,500 〜
　パーマ　¥8,500 〜

● 完全予約制　● カード支払い可　● 個室あり

📞 **03-6252-3285**
🌐 https://k-two.jp/salon/ginza/

ほおにかかるサイドバングをボブラインでカットし、レトロな雰囲気をプラス。

顔を小さくしたいけれど、持って生まれた骨格は簡単に変えることはできない。そんな女性たちの悩みをヘアで救ってくれたのが塚本氏。約10年前、雑誌でモデルのヘアチェンジ企画を担当し、その激変ぶりが話題となった。それは前髪をメインとサイドに分けてカットし、骨格補正をしたもの。これが小顔バングの誕生である。当時、エリア分けをして前髪をカットする美容師はいなかったため、そこから独自の理論を確立し、書籍や小顔に特化したヘアカタログも出版。小顔ヘアなら K-two と言われるようになった。サイドバングもつくることで、ただ小顔に見せるだけでなく、その人が望むテイストやトレンドも表現できるのだ。しっかりとした理論に基づいた似合わせテクは一級品。外見から怖いイメージを持たれがちだが、ジェントルマンで話しやすい雰囲気も支持されるひとつの理由だ。お客さまが気づいていない素材の良し悪しをプロの目で判断し、施術中の会話はすべてカウンセリングと考え細かくニーズを引き出すからこそ満足度の高いヘアが生まれるのだろう。

時枝弘明

stair:case

HIROAKI TOKIEDA

2006 年ヘアサロン業界最高峰のアワード「JHA」の最優秀新人賞を受賞。ヘアメーカーのプロモーションに起用され、CMにも出演。また、自身が企画したテレビ番組『The God Hand』が 2 クールにわたって放映されるなど、数々の話題を振りまいてきた時枝氏。2018 年、銀座に stair:case をオープン。パーマのスペシャリストと知られるが、立体的なパーマスタイルをつくるうえでのカット技術も他の追随を許さない。髪をつなげず、重なるようにカットすることで奥行きが生まれ、日本人の平面的な顔も立体的に見えるのだという。パーマだけでなく、カット、カラーすべてにおいてココでしか味わえないオンリーワンのテクニック。オリジナルの理論があることは美容師にとって、サロンにとって最大の武器。時枝氏がつくり出すスタイルは限りなく再現性が高いのも、お客さまが離れない要因だ。さらに二次元の表現にもこだわりを持つ。自分の姿を見るのは鏡だけ。その中でいかに可愛く、立体的に見せるかが勝負だという。自分らしい技術を求め 30 年続けてきた。さらに技術を追求し、若い世代にも伝承していきたいと話す。

DATA

📍 東京都中央区銀座 5-5-14
JPR 銀座並木通りビル 10F
🗓 第 3 火曜
🕙 10:00 ～ 22:00
土・祝日 10:00 ～ 21:00
日 10:00 ～ 19:00

▶ カット　¥7,700 ～
（時枝　¥11,000）
フルカラー　¥11,550
パーマ　¥11,550 （時枝　¥16,200）　※税込み。
● 完全予約制　● カード支払い可　● 個室あり

歳嶋建国

MINX 青山店

TAKEKUNI TOSHIJIMA

📞 03-3746-2722
🌐 http://www.minx-net.co.jp/

「本質的な美しさ」をテーマに、お客さまの今の気分やなりたい雰囲気に合わせてデザインを提案することに注力している。女性らしい丸みのあるフォルム、やわらかい質感を引き出すために毛先一本一本にこだわってカット。MINX のパーマ部門で責任者を務めていたこともあり、パーマの知識や技術は非常に高い。「本質的な美しさ」を目指すためにカウンセリングの時間が最も大切だと語る。「おまかせという方は自分がどうしたいかよりも、人にどう見られたいかを気にする傾向にあるので、その方向性を間違わないようにしっかりと話を聞くことにしています」と話す。髪を通じてのコミュニケーションが美容師としての喜びのひとつ。お客さまからさまざまなエピソードを聞くことで自分も疑似体験をし、世界が広がる。歳嶋氏がつくるヘアデザインがその人の生活に入り込み影響を与え、また新たな世界をつくる。そのキャッチボールが楽しいという。お客さまの外見だけでなく内面も含め美しくすることにこだわる。夕日を見たら誰もがきれいと感じるように、ヘアスタイルもまたきれいだと感じてもらえるよう、技術を磨くのだという。

DATA

◎ 東京都港区北青山 3-5-23
　吉川表参道ビル 2・3・4F
🈵 火曜
🕐 11:00 〜 21:00
　土 10:00 〜 20:00
　日・祝日 10:00 〜 19:00

▶ カット　￥6,500
　カット＆カラー　￥12,500 〜
　カット＆パーマ　￥13,500 〜
　※平日は￥200引き。
● 完全予約制　● カード支払い可

鳥羽直泰

VeLO

NAOYASU TOBA

☎ 03-5411-5051
🌐 http://velovetica.com/

2003 年原宿に VeLO を立ち上げ、2009 年新たなブランドとして vetica をオープン。ロンドンでの 5 年間の美容師経験の中で "本物" のカットに出会い魅了されて以来その道を追求することに目覚めた鳥羽氏。自身のアイデンティティーを確立する上で「カット」へのこだわりは人一倍強いと自他共に認めるところ。論理的思考に基づく技術力とデザイン力のバランス感が強み。髪型だけが主張するのではなく、街に溶け込んでその人がすっと素敵な存在感を放つようなヘアスタイルの提案がポリシー。日本人や欧米人、それぞれの骨格と髪質に合ったカットをすることで高い再現性と持続性を実現。サロンを出る時だけではなく、毎日を素敵に過ごしてもらえるように、体の一部である大事な髪を託してもらえることに喜びと責任を感じながら、お客さまの期待に応えられるよう今なお追求を続けている鳥羽氏。そのこだわりはサロンワークだけではなく、多くの美容コンテスト審査や雑誌の撮影、国内外でのセミナー活動などでも発揮されている。

DATA ·······························

◎ 東京都渋谷区神宮前 3-25-5
4F・5F
月曜、第 1・3 火曜
11:00 ～ 21:00
日・祝日 11:00 ～ 19:00

▶ カット（鳥羽）¥8,000
カラー ¥8,000 ～
パーマ ¥7,000 ～
● 完全予約制 ● カード支払い可

カット / Cut

土橋勇人

DIFINO aoyama

HAYATO DOBASHI

☎ **03-5468-3361**
🌐 http://difino.com/

2002 年、南青山に DIFINO をオープン。セミナーやコンテスト
の審査員、雑誌の撮影などサロンワーク以外でも活躍。デザイ
ン性、再現性、持続性を兼ね備えた、女性らしいやわらかな質
感が出せる「アールカット®」の考案者。髪は均一に伸びない
ため、まっすぐに切るのではなく骨格や髪質に合わせて毛束を
ひねりながらカットすることで自然な丸みに整えるのだ。切り
たてからなじむ、居心地のいいスタイルになるという。スタイ
リングもラクで、持ちのよさも格段にアップ。一度、お店を離
れたお客さまも他にはない質感と持ちのよさが忘れられず
戻ってくるそうだ。一般誌の変身企画を担当すると、自分の素
材を生かせていない人が多いと感じるそう。いい髪質を持って
いてもかわいそうなヘアになっている人が多いことを憂いて
いる。お客さまにどれだけ興味を持ち、知りたいと思えるか、
その人にとって何が最善策なのかを考え、素敵に変身させるの
が美容師の仕事だと土橋氏は考える。飽きられないようトレン
ドを追いかけるだけでなく、お客さまの発言に耳をかたむけ
ニーズに敏感になること、得意なことを増やすこと……。美の
サポーターとしてのパッションは誰よりも熱い。

DATA ·······························

◎ 東京都港区南青山 5-4-41
　グラッセリア青山 2F
◎ 火曜、第 3 水曜
🕐 月・水 10:00 ～ 20:00
　木 11:00 ～ 21:00
　金 12:00 ～ 22:00
　土 10:00 ～ 19:00
　日・祝日 10:00 ～ 18:00

▶ カット　￥13,200
　全体カラー　￥12,100
　コスメパーマ　￥13,200　※土橋さん料金。　※税込み。
● 完全予約制　● カード支払い可　● 個室あり
※土橋さんの新規予約は、平日限定で希望日の 1 週間前から受け付け。

カット / Cut

豊田永秀

STRAMA

NAGAHIDE TOYODA

📞 **03-6804-5388**
🌐 http://www.strama.jp/

都内有名店を経て 2005 年、STRAMA をオープン。アンティークの家具が並ぶ非日常の世界で豊田氏が生み出すヘアデザインは、昨今の流行りであるゆるふわとは一線を画す、スタイリッシュでモードなスタイルだ。特に頭の形やえり足の処理には手を抜かない。自分が見える範囲しか気にしないが、人は後ろから見られることの方が多いからだ。完全オートクチュールでありたいと、お客さまの悩みや気分を聞きながら積極的に提案をしていく。「ショートは似合わない」と言われたらチャンスだという。その概念を覆す、似合うスタイルを提供することでお客さまの感動が倍増するのだ。STRAMA では年に 2 回、ヘアチェンジの提案を必ず行うという。違う魅力を発見するワクワクと感動を味わってほしいからだ。ヘアデザインを生み出すクリエーターとしてアンテナを張り巡らせることを忘れない。映画を見ていても目がいくのはヘアスタイルだという。グラフィックデザインのプロデュースや家具、植物のバイヤーも手がける。そんなマルチな活動と多彩な趣味は豊田氏のデザインの基盤となっている。

DATA ·························

📍 東京都港区南青山 4-18-10
　 B1
🗓 火曜
🕚 11:00 ～ 20:30
　 土 10:00 ～ 19:30
　 日・祝日 10:00 ～ 19:00

▶ カット　￥6,000 ～
　（豊田　￥8,000）
　 カラー　￥7,500 ～
　 パーマ　￥7,500 ～
● 完全予約制　● カード支払い可　● 半個室あり

中野太郎

MINX 銀座二丁目店

TARO NAKANO

☎ 03-5524-0081
🌐 http://www.minx-net.co.jp/

東京だけでもカットがうまい美容師は何百人といるだろう。しかし、持ちのよさにおいて中野氏の右に出る者はいないのではないだろうか。ひとりのお客さまと長くつき合うためには、似合うスタイル、おしゃれなスタイルを提供するだけではなく、「持ちのよさにこだわること」が大切だという。1カ月に1回の来店もうれしいが、3カ月に1回でも10年、20年と通ってくれることが美容師冥利に尽きる。実際、彼のもとには親子3世代で通っている人や、20年以上のつき合いになる人が多いという。持ちのよさはセニングの技術にある。100人いれば100通りの髪質があり、すき方も全て異なる。その理論を独自で組み立て書籍も出版した。美容室のフロアに立ったら、プライドとポリシーを持ち美容師・中野太郎を演じ、一瞬たりとも気が抜けないという。髪には血管も神経も通っていないが、ミスをしたら大ケガをさせたことと同じという意識を常に持ち、全神経を注ぐ。担当する全てのお客さまに喜びを感じてもらい、必要とされる存在であり続けるために知識や技術のレベルアップに対する貪欲さは、取締役という立場になっても変わらない。

DATA·····················

📍 東京都中央区銀座 2-3-1
　 Ray Ginza 9F
📅 火曜
🕐 11:00 ～ 21:00
　 土 10:00 ～ 20:00
　 日・祝日 10:00 ～ 19:00

▶ カット　¥6,500
　 カット＆カラー　¥12,500 ～
　 カット＆パーマ　¥13,500 ～
　 ※平日は¥200引き。
● 完全予約制　● カード支払い可　● 個室あり

カット / Cut

中村章浩

ABBEY2

AKIHIRO NAKAMURA

DATA

東京都港区南青山 4-21-26
RUELLE 青山 A 棟 3F
月曜、第 2・3 火曜
11:00 〜 21:00
土・日・祝日 10:00 〜 19:30

▶ カット（中村）　¥9,350
パーマ　¥8,250 〜
デジタルパーマ　¥15,400 〜
カラー（ミディアム）　¥8,800　※税込み。
● 完全予約制　● カード支払い可　● 個室あり

Cut

女性らしさを感じさせる旬のハンサムショート。マネしたいと思わせる絶妙なおしゃれ感。

2007年「ABBEY」オープニングに取締役として参加。2009年には「ABBEY2」をオープン。1カ月たってもくずれない持ちのいいスタイルはもちろんのこと、同性が見ても可愛い！おしゃれ！と感じるショートやボブスタイルに定評があり、お客さまの半数以上は肩上レングスを希望するほど。それは中村氏自身が「髪を巻かなくても、結ばなくても可愛いスタイルが好き」というところからきているのかもしれない。自身を職人タイプと分析。お客さまが求めていることを形にすることが使命であり、お互いが満足できるスタイルで必ずフィニッシュさせることに力を注いでいる。そのためにカット前だけでなく、カット中もコミュニケーションも大切にし、ゴールを定めていく。「どうしますか？」ではなく2択での質問を投げかけることで、説明下手なお客さまからもなりたいスタイルを引き出していくことができるのだという。新規でも、10年通っているお客さまでも、その日、その瞬間が勝負という思いで常に臨んでいるからこそ、絶大な信頼を得ているのだろう。

奈良裕也

YUYA NARA

SHIMA HARAJUKU

📞 03-3470-3855
🌐 http://www.shima-hair.com/

国内外の有名タレントを顧客に持つ、いわずと知れた人気美容師のひとり。現在は雑誌、広告などのヘア＆メイクとしての活動も多い。高校時代から読者モデルとして注目を集め、若者たちのカリスマに君臨。SHIMA に入社後は、アシスタントながら指名が入るほど。有名だからで終わらせたくない、技術が伴わないことに悔しさを覚え、誰よりも練習をして技術を磨いた。スタイリストデビューしてからはその才能を開花し、ルックスだけではないことを証明したのだ。彼のファッションや、ヘアーショーなどで生み出すデザインからアーティスティックなイメージが強いが、サロンではシンプルなスタイルを提供。ベーシックなカットを基本として、余計な手は加えない。日常にとけこむリアルなスタイルでなくてはいけないからだ。ただ、お客さまが望んだとしても自分が似合わないと思ったものは絶対にやらない主義だ。そこに彼のポリシーがある。世界のセレブリティから指名を受けるトップヘア＆メイクになったが、初心を忘れず、自分におごらず進んでいきたいと語る。

DATA·····················
◎ 東京都渋谷区神宮前 1-10-30
☽ 火曜
🕐 11:00 ～ 20:00
　　土・日・祝日 10:00 ～ 19:00

▶ カット　￥6,900 ～
　カラー　￥7,400 ～
　パーマ　￥7,400 ～
● 完全予約制　● カード支払い可

西本昇司

SHOJI NISHIMOTO

BRIDGE

☏ 03-3400-0214
⊕ http://artis-salon.com/

2003年、原宿にBRIDGEをオープン。美容師歴30年以上を誇るベテランであり、ボブのエキスパートだ。ナチュラルだけど視線を惹きつける存在感のあるボブやショートが西本氏の武器。前髪やサイドのライン、ニュアンスのある毛先の動きなど、女の子が望む可愛いがギュッとつまっている。ボブは何通りにもアレンジが効き、日本人の骨格にも合わせやすいデザイン。モードにもカジュアルにも、フェミニンにもどんなテイストにもマッチし、ファッションを選ばないのもボブの利点。これまで培ってきた経験、技術から生まれた豊富なバリエーションの中から、その人らしさを引き出すスタイルを提供。人のイメージはヘアで変わるもの。変化を楽しむのもいいけれど、いつ見てもおしゃれであったり、「●●さんといえばショートボブ」という定番のスタイルをつくってあげたいという。西本氏が目指すのは、30年経っても古く見えないデザイン。こんなスタイルも流行ったねと言われるのではなく、どの時代に見ても可愛い、おしゃれと思える普遍的なデザインだ。自分史上最高のボブに出会いたい人は、ぜひ彼のもとを訪れてほしい。

DATA

- 東京都渋谷区神宮前 6-9-11
  堺ビル 2F
- 月曜、第 1・3 火曜
- 10:30 〜 20:00
  土 10:00 〜 20:00
  日・祝日 10:00 〜 18:00

▷ カット ¥9,000
　カラー ¥9,000
　パーマ　¥18,000
※西本さん料金
● 完全予約制　● カード支払い可

野口和弘

CIECA.

KAZUHIRO NOGUCHI

📞 **03-6805-0644**
🌐 https://cieca.jp/

表参道のメインストリートから奥に入った住宅街に佇む、カフェのような一軒家サロンがある。野口氏がオーナーを務めるCIECA.だ。「Leif.designpark」のデザイナーチームがデザインを手がけ、男性も入りやすいようにユニセックスをコンセプトにしたスタイリッシュな空間。さまざまな雑誌で取り上げられるだけでなく、野口氏はテレビの変身企画を何度も担当しているので、ご存じの方も多いのではないだろうか。その人の魅力を最大限に引き出す似合わせテクはお墨つき。ベーシックを基本にし、季節やその時々のお客さまの気分を取り入れ、今っぽいスパイスを効かせる。おしゃれすぎない手の届くトレンドのさじ加減が絶妙。やわらかい質感の可愛いスタイルだけでなく、どこかエッジを効かせたカッコいい可愛さを表現するのも得意だ。外からはスター美容師として揺るぎのない地位を得たと思えるが、本人は現状に満足せずストイックに美容と向き合っている。技術者としての情熱と、経営者としての冷静な視点をあわせ持ち、若手スタッフたちをリード。次世代のカリスマとして十分な素養を持ち、今後の活躍に目が離せないひとりだ。

DATA ·······························

◎ 東京都渋谷区神宮前 5-16-2
◎ 月曜、第 3 火曜
◎ 11:00 〜 21:00
　 土 10:00 〜 20:00
　 日・祝日 10:00 〜 19:00

▶ カット　¥4,000 〜
　（野口　¥7,000）
　ベーシックカラー　¥7,000
　パーマ　¥7,500
● 完全予約制　● カード支払い可　● 個室あり

NOBU

ALBUM SHINJUKU

毎月通うにはお財布が厳しい、サロンに行くと休日がつぶれる、そんな既成概念を覆したのが ALBUM だ。ファストファッションのように手軽に楽しめると若い世代から絶大な支持を得ている。手軽さだけでなく、全スタッフをあげての SNS 発信が若者たちの心をつかんだ。インスタグラマーとして有名なスタッフも多い。その代表的存在が、フォロワー数 24 万人を超える NOBU 氏。おそらく日本の中でも 5 本の指に入るほどの顧客を抱えているだろう。1 時間に 6 人前後はカットするという。そんなにカットできるの？と疑問に思うかもしれないが、驚くほどスピーディで、カットされたかもわからないほど一瞬で形が変わる。某牛丼店ではないが "はやくてうまい！" のだ。せっかちな性格から段取りや効率のよさを考え、ベーシックなカットではなくどれもが NOBU 流。その手法は惜しげもなく SNS で発信しているが、なかなかマネできるものではない。セミナーやヘアショーなどのオファーも絶えないが、サロンを休んでまでも受けることはしないと決めている。たくさんのお客さまを可愛くし、新たな気づきを与えるのが使命だからだ。

DATA ·············

◎ 東京都新宿区新宿 3-28-11
市嶋第三ビル 4F
無休
🕙 10:00 ～ 23:00
土 9:00 ～ 23:00
日 10:00 ～ 20:00

▶ カット　¥2,900 ～
カット＆カラー　¥5,800 ～
カット＆パーマ　¥7,400 ～
● 当日受付可　● カード支払い可　● 半個室あり

VAN

Cocoon

DATA

東京都渋谷区神宮前 5-6-5
Path 表参道 A 棟 B1
火曜、第 3 月曜
11：00 ～ 20：30
金 11：00 ～ 21：00
土・日・祝日 11：00 ～ 19：00

▶カット（VAN）　¥8,000
カット＆カラー　¥13,500 ～
カット＆ホットパーマ　¥18,000 ～
●完全予約制　●カード支払い可
※ VAN さんの新規予約は平日のみ。

えり足の浮きなど毛流を徹底的に見極めてカット。髪が短くなればなるほど腕がなる。

「ショートだったら VAN さんだよね」「クセ毛でも可愛くできるのは VAN さんしかいない」と美容エディターや美容家たちは口をそろえて言う。決して間違いではないが、それは彼の一面にすぎない。長さや髪質にかかわらず、ひとりひとりの素材をいかし、ノンブローで決まるスタイルが彼の神髄だ。毛流れを見極め、骨格にフィットさせるその理論とテクニックをまとめた書籍が、Cocoon10 周年の集大成として出版された。本人曰く、素材のうま味を生かして調理する和食の料理人タイプ。できるだけ余計な手は加えない。毎日同じメニューをつくるにしても、その日仕入れた素材によって下処理や調味料の加減が変わるように、ボブひとつとってもお客さまひとりひとりカットの仕方は変わってくる。さらに言えば、同じお客さまでも季節や年齢によって髪質も変わるため前回と同じプロセスは絶対にないという。似合わせや再現性は美容師にとって当たり前のこと。その人のサイズにフィットした美しいシルエットにこだわり、目の前のリアルな「1 いいね!」に今日も向き合っている。

123

蓮間衣里

ERI HASUMA

FLOWERS

いつもワクワクするスタイルを提案してくれる蓮間氏。街を歩いていると目に留まる、ひとクセあるスタイルが彼女の得意とするところ。くるんとカールした短い前髪や、コケティッシュなベリーショートは彼女しかつくれないオンリーワンだ。新人の頃からそのセンスは飛びぬけていて、撮影のオファーも多数。モードな中に可愛さと攻めを盛り込んだヘアデザインは同業者からも一目置かれている。2016年に母となり、客層が変わった。もちろんおしゃれ女子たちの憧れではあるが、おしゃれを楽しみたいママが増えたのだ。ひとクセあるデザインはそのままに、自身の体験も踏まえお手入れのしやすさなど機能面をより重視するようになった。また、その人のコミュニティの中でちょっと個性的に見えるデザインを意識しているという。年を重ねるごとに、デザインもアップデートしていかなければ、お客さまを満足させられないし、自分自身も楽しめない。最近はママ友のヘアスタイルを観察し、デザインのヒントにしているそう。出産を機に辞めてしまう女性美容師も多いが、ママである自分を生かし新たなステージへと進んでいる。

DATA

◎ 東京都渋谷区神宮前 5-3-21
🗓 月曜
🕐 10:00 ～ 19:00
　水・金 13:00 ～ 22:00
　土 10:00 ～ 20:00

▷ カット　￥6,000 ～
　（蓮間　￥6,500）
　カット＆カラー　￥12,000 ～　　カット＆パーマ　￥12,000 ～
● 完全予約制　● カード支払い可　※蓮間さんは 2020 年 4 月まで育休の予定。
スケジュールはサロンにお問い合わせください。

カット / Cut

服部大起

ACQUA omotesando

DAIKI HATTORI

📞 **03-3400-8585**
🌐 http://acqua.co.jp/omotesando

Cut

人気美容室 ACQUA にて最短スタイリストデビューを果たした服部氏。今、最も予約が取りにくいひとりだ。"有名になりたい"という強い思いと、人一倍の努力があったからこその結果。ジュニアスタイリストからスタイリストに昇格するまでも、アクア初を打ち出した。それは3カ月連続100万円の売り上げを達成すること。顧客ゼロからのスタートだが、街に出て必死にお客さまとなりうる人を自分の足で稼いだのだ。SNSでの発信を始めたのは美容師になってから。カットに定評があるサロンで、あえてハイライトカラーを武器にして自分印をアピール。服部といえば外国人風カラーと印象づけることに成功した。今では北は北海道、南は沖縄まで日本全国からお客さまが訪れる。お客さまのレベルが高い青山・表参道エリアにおいて、技術に妥協はできない。カラーだけでなく、カットもパーマも練習を重ね技術を磨き、知識も蓄える。ハイレベルな先輩たちの背中を見て技術だけでなく、接客も学んだ。生半可な努力ではなく死ぬ気でやることで、有名になりたいという夢が叶ったのだ。お客さまという自分のファンを大勢つかんで。

DATA

🏠 **東京都渋谷区神宮前 5-2-14**
　ゲートスクエアビル 2 F
　月曜
🕐 **11:00 ～ 21:00**
　土 10:00 ～ 19:00
　日・祝日 10:00 ～ 18:00

▶ カット　￥6,500 ～
　パーマ　￥7,500 ～
　デジタルパーマ ￥11,500 ～
　ワンメイクカラー　￥7,500 ～
● 完全予約制　● カード支払い可

127

広江一也

NORA HAIR SALON

KAZUYA HIROE

📞 **03-6419-9933**
🌐 http://nora-style.com/

都内の有名サロンで 10 年間勤務し独立。2007 年に NORA を
オープン。その後 2013 年に NORA Journey、2017 年にはフィ
リピンにも出店し着実に店舗を増やしている。早くから YouTu
be を使ってスタイリングやアレンジのプロセスを紹介してき
た。花屋を併設したり、SONY とコラボをしてヘッドホンに似
合うヘアスタイルを発信したり、ギャラリーのようにアートを
展示したりと業界の枠を超えて次々とユニークな取り組みをし
て話題に。サロンの代表として、美容師として大切にしている
のは時間。時間に追われ忙しい人が多い時代。サロンでムダな
時間を過ごさないよう、クオリティは落とさずスピード感のあ
る接客、施術を心がけている。つくり出すスタイルにもお客さ
まの時間をとらせない、自分でもスタイリングしやすい再現性
を重要視。くびれのある女性らしいスタイルは長年支持されて
きた。お客さまの髪質や顔立ち、ライフスタイルはいつも同じ
と限らず、変わっていくもの。その時々で美しさを追求してい
くのが使命だという。今後も美容の枠を超え、面白いことにチャ
レンジし、人と人をつなぐプラットフォームになりたいと語る。

DATA ·····························

🏠 東京都港区南青山 5-3-10
　FROM-1st B1
🗓 不定休
🕐 12：00 ～ 22：00
　土 11：00 ～ 20：00
　日・祝日 11：00 ～ 19：00

▶ カット（広江）¥8,000
　フルカラー ¥7,500
　デジタルパーマ ¥11,500
● 完全予約制　● カード支払い可

 カット / Cut

福井達真

GINZA PEEK-A-BOO
並木通り

TATSUMASA FUKUI

☎ 03-6254-5990
🌐 http://www.peek-a-boo.co.jp/

十人十色の骨格と髪質に向き合い、工夫を重ねながら造形美を生み出すショートにやりがいを感じるという福井氏。その人にフィットする長さよりも 1cmほどあえて短くカットするのがこだわりだ。ヘアはミリ単位で見え方が変わってくるもの。えり足などポイントで少し短くカットすることで、フェミニンなスタイルがモードに見えたり、クールに見えたりするという。この 1cmは福井氏から、お客さまへの「チャレンジしてみませんか？」という提案であり、新しい魅力を引き出す魔法。カットが上手いだけでは生き残れない、"自分印" になる強みをつくろうと 20 代後半から続けてきたことだ。キャリアを積み、ひとりのお客さまと長い時間をともに歩んできたことは自信につながっているという。「また切ってもらいたい」と思わせるには、その人の生き方までも含めてデザインをすることが大切だと語る。カメラやサーフィン、ゴルフなど多趣味でも知られる福井氏。趣味が増えることでお客さまとの会話も広がり、新しいつながりもできる。お互いの生き方への共感もまた、「もう一度会いたい」と思わせることにつながるのだという。

DATA······················
- 東京都中央区銀座 5-4-9
  ニューギンザ 5 ビル 4F
- 月曜
- 10:00 ～ 20:00
  日 10:00 ～ 19:00

▶ カット（福井）　¥9,000
　パーマ（ベーシック）　¥8,000 ～
　カラー（ミディアム）　¥9,000 ～
● 完全予約制　● カード支払い可

八月朔日

DRESS NYC 81

☎ 03-3564-0381
🌐 http://dress-hairsalon.com/

ヘアメイクアップアーティスト・美容師の MIWA 氏がニューヨークで立ち上げた DRESS hair salon の東京店「DRESS NYC 81」。その代表を務めるのが八月朔日氏だ。有名店で腕を磨いた確かなカット技術は、銀座に集まる上質な大人たちの間でも評判だ。頭の形がきれいとはいえない日本人の骨格をバランスよく、きれいに見せるボブが彼の強み。ていねいなカットでラインと面をしっかりと出したモードなボブは、うっとりするほど美しい。自分のデザインに確固たる自信とプライドを持っている。お客さまの悩みや要望を聞いたうえで、自分のデザインとマッチングしなければ、別のスタイリストを紹介するという徹底ぶり。八月朔日氏がカットする意味、価値を守っているのだ。カットするからには責任を持ち、その人を魅力的に変え、ドキドキしたり前向きになれたりするデザインを提供したいと話す。また、その自信は日々の鍛錬からくるもの。「ウイッグは頭の形がきれいだし、クセもないからこそきれいに切るのは意外と難しいもの。集中できて、頭もリセットできる」と若手スタッフと並び、今も練習を続けている。

DATA·····························

◎ 東京都中央区銀座 1-22-11
　銀座大竹ビジデンス 1F
🗓 月、第 2・4 火曜
🕙 10:00 〜 20:00
　木・金 11:00 〜 21:00
　日・祝日 10:00 〜 19:00

▶ カット　¥6,000 〜
　（八月朔日　¥8,000）
　カラー　¥8,500 〜
　パーマ　¥8,000 〜
● 要予約　● カード支払い可

堀内邦雄

GINZA PEEK-A-BOO
中央通り

📞 **03-3562-8860**
🌐 http://www.peek-a-boo.co.jp/

サロンではきれいに仕上がるのに、翌日からはスタイルが決まらないという悩みを抱えているお客さまが多い。そのギャップを少しでも埋めたいと機能美の追求に余念がない。寝起きでもきれい、巻いてもきれい、お風呂上がりでもきれい……。いつでもきれいが叶うよう扱いやすさは重視しながらも、アートとして周囲より1歩も2歩も先を行く美しいデザインをつくることも忘れない。どんな悪条件であっても素敵なスタイルにするという信念もある。長さやフォルムで骨格を補正するカット技術は誰にも負けない。例えばクセがあってカットができないと他店で断られたお客さまに対しても、その悩みに寄り添い100%は無理でも80%は叶えてあげたいという。ただし、美容師の力だけではスタイルは完成しない。美容師の押し付けではなく、家でのスタイリングやケアなどお客さまの協力があってこそ満足度の高いスタイルができあがるのだ。「クセがあるから、毛量が多いから、もう年だからときれいになることをあきらめてほしくない」という堀内の熱い思いと、プロフェッショナルな技術は多くのお客さまを魅了している。

DATA

📍東京都中央区銀座 2-6-16
　ゼニア銀座ビル 10F
🚫月曜
🕙10:00 ～ 20:00
　日 10:00 ～ 19:00

▶ カット（堀内）　￥10,000
　パーマ（ベーシック）　￥8,000 ～
　カラー（ミディアム）　￥9,000
● 完全予約制　● カード支払い可

カット / Cut

堀江昌樹

JENO

MASAKI HORIE

📞 **03-6419-3855**
🌐 https://jeno.jp/

木をメインにしたぬくもりある店内は、堀江氏の人柄をそのままあらわしたようだ。彼がつくり出すナチュラルで心地いいヘアデザインにもあらわれている。前髪や顔まわりにアクセントをつけた、さりげないのにおしゃれなボブが人気だ。旅行先にアイロンを持って行かなくても、どんなところでも可愛くいられることを前提に、カットの仕上がりがスタイルの仕上がりになるようにしている。毛流を考えたカットで毛先が自然に内に入るようにするのが堀江氏のこだわり。生えグセやボリュームをコントロールするシザーコーム「TOKIKATA」も彼の武器。頭皮をこすることで、酸化した毛根の皮脂が取れ、トリートメントをしたように髪がまとまりやすくなるという。髪質が整えば、より再現性が高まりスタイリングがラクに。カウンセリングでも心地よさを感じられる。会話のキャッチボールがしやすいように、できるだけ相手が話すリズムに合わせてくれるのがうれしい。お客さまを一生かけてデザインすることが、美容師にとっての喜びであり本質。ともに年齢を重ね成長することで、新しい化学反応も生まれることが楽しいと話してくれた。

DATA

◎ 東京都渋谷区神宮前 5-47-12
　パインビレッジアネックス B1
　火曜
🕐 月 11:00 〜 20:00
　水 11:00 〜 21:00
　木 10:00 〜 19:00
　金 12:00 〜 21:00
　土 10:00 〜 20:00
　日・祝日 10:00 〜 19:00

▶ カット　¥6,700
　（堀江　¥7,500）
　フルカラー¥8,200　コールドパーマ　¥8,200 〜
● 完全予約制　● カード支払い可　● 個室あり

カット / Cut

堀之内大介　　Belle 銀座 5 丁目店

DAISUKE HORINOUCHI

☏ 03-6274-6148
🌐 http://belle-omotesando.jp/

都内2店舗を経て、飯田尚士氏とともに2010年、Belleを立ち上げ、現在は5店舗を抱えるまでに成長。がんばりすぎないおしゃれヘアが女性たちの心をキャッチし、「Belleに行けば可愛くなれる」と人気は衰え知らず。業界誌の表紙を飾るなど、Belleが打ち出す世界観は他サロンからも羨望の眼差しで見られている。堀之内氏の強みはやはりカット。最初に働いたサロンでは直線的なカットを、2店舗目ではやわらかいカットを会得した。全くタイプの違う技術を身につけたからこそ、定番の技術ではない彼ならではのカットになるのだ。前髪やサイドなどパーツごとにその人に似合うところを見つけ、カットも変えていく独自のスタイル。どのレングスにおいても抜け感があり、どこか女っぽいスタイルが魅力。しかも手をかけなくてもラフに決まるのがうれしい。サロンのコンセプトでもある"ギリギリ手が届く可愛さ"は彼の武器でもあるのだ。お客さまのチャームポイントを発見し、引き出すテクニックにも長けている。サロンはスタッフが育たなければ衰退してしまう。オーナーとして人を育てる力も発揮し、サロンの成長につながっている。

DATA ·····························

🏠 東京都中央区銀座 5-9-16 8F
📅 月曜
🕐 12:30 ～ 21:30
　金 12:30 ～ 22:30
　土 10:00 ～ 20:00
　日 10:00 ～ 18:00
　祝日 10:00 ～ 19:00

▶ カット 　￥6,000 ～
　（堀之内 　￥7,000）
　カラー＆カット 　￥14,000 ～ 　スチームパーマ 　￥7,500 ～
⚫ 完全予約制 　⚫ カード支払い可

本田治彦　LONESS OMOTESANDO

HARUHIKO HONDA

☎ 03-5413-7928
🌐 http://loness.jp/

片山良平氏とタッグを組んでサロンを立ち上げたのが2016年。銀座店もオープンし、今ノリにのっているサロンの若き経営者だ。アイドル顔負けの外見に注目が集まりがちだが、大学で経営を学びながら夜間の美容専門学校に通い、美容師を目指した努力家。大学での学びは今の経営に大いに役立っているという。周りよりも美容師としてのスタートは遅れたが、スキルの高さとセンスのよさで頭角をすぐに現した。人気モデルやタレントの顧客も多く、彼に切ってもらうと売れっ子になれるというジンクスもあるほどだ。計算された巧みなレイヤーで、抜け感のある女っぽいスタイルをつくり出すのが本田氏の得意技。その人の魅力を引き出す能力にも長け、編集者からの信頼も厚く雑誌の変身企画を任されることも多い。ヘアを通じて人生に寄り添う仕事だからこそ、お客さまとの会話のキャッチボールを大切にしている。「空気を読むことも必要だが、話をしてみないと何が好きで嫌いなのか、どんな仕事をしていて、今何に興味があるのかはわからない。お客さまのライフスタイルを知ることが似合うスタイルの提供には欠かせない」と語る。

DATA·····························

📍 東京都港区南青山 3-15-6
　ripple square D2F
🗓 火曜、第 2 月曜
🕐 11:00 ～ 21:00
　木 11:00 ～ 20:00
　土 10:30 ～ 20:00
　日・祝日 10:30 ～ 19:00

▶ カット（本田）　¥8,000
　フルカラー　¥7,500
　シスパーマ　¥9,000
● 完全予約制　● カード支払い可　● 個室あり

松浦美穂

MIHO MATSUURA

TWIGGY.

DATA

- 東京都渋谷区神宮前 3-35-7
- 火曜
- 10：00 ～ 19：00
  水・金 11：00 ～ 20：00
  土 11：00 ～ 19：00
  日・祝日 10：00 ～ 18：00

▶カット　¥8,000 ～
　（松浦　¥15,000 ～）
　パーマ　¥11,000 ～　カラー（ミディアム）　¥11,000

● 完全予約制　● カード支払い可
※現在、松浦さんの新規予約は受け付けておりません。

📞 03-6413-1590
🌐 http://www.twiggy.co.jp/

『VOGUE JAPAN』の
HAIR BOOKで福士リ
ナさんを担当。

VOGUE JAPAN 2017年7月号
Photo: Angelo D'Agostino

髪型ひとつで人生は変わる。そう信じさせてくれるのが、松浦氏。ヘアチェンジをするなら彼女に任せたいと女優、モデルからのオファーが後を絶たない。骨格を生かすか裏切るかを選択し、イメージするスタイルが決まればいさぎよく、そして大胆にカットしていく。その仕上がりにみな、驚きを隠せないという。その驚きは2つある。新しい自分の発見と、カットしたばかりなのにしっくりとなじんでいること。全てのお客さまに満足とサプライズを与え、新しい世界へ導く松浦マジックだ。美容のスペシャリストとして技術を磨き知識を増やすこと、そして趣味を掘り下げさまざまな経験をして感性を養うことで、お客さまをワクワクさせるデザインが生み出せるという。世界で通用する芸術的なカット技術だけでなく、地球への優しさを考えた取り組みにも注目が集まっている。自然治癒力に着目したオリジナルのヘアケア剤の開発や無農薬食材を使ったカフェの併設、サロンの電力を100%自然エネルギーでまかなうなど美容と自然との共存を積極的にはかっている。

松永英樹

ABBEY

HIDEKI MATSUNAGA

DATA

東京都港区南青山 5-7-23
始弘ビル 2F

月曜、第 2・3 火曜

11：00 ～ 21：00
土・日・祝日 10：00 ～ 19：30

▶カット（松永）　¥ 9,900
　パーマ　¥ 8,250 ～
　デジタルパーマ　¥ 15,400
　カラー（ミディアム）　¥ 8,800　※税込み。

●完全予約制　●カード支払い可　●個室あり

📞 **03-5774-5774**
🌐 https://www.abbey2007.com/

エレガントからカジュアルまで幅広いテイストに合わせやすい鎖骨レングスが人気。

サロン経営者として、トップを走る美容師として超多忙な毎日を過ごしているのに、とにかく元気で太陽のような人だ。日常の些細なことに喜びを感じ、常にポジティブ。サロンでもよく笑い声が聞こえてくる。ABBEY の社訓にある「笑顔を絶やさない」を率先して実践しているのだ。お客さまと一緒に「可愛い」「おしゃれ」を考える時間を共有し、楽しかったと思える雰囲気づくりに誰よりも尽力している。しかしハサミを持てば一転して真剣。迷いのない巧みなカットは、リズミカルなハサミの動きが心地いい。シルエットの美しさは言うまでもないが、切りたてが最高ではなく明日、明後日とその輝きが長く続くように計算されたスタイルが魅力。ボブやショートに定評があるが、どんなレングスでもパーソナリティを追求し、その人らしいデザインを提供している。デザインに深みを出すために音楽や映画、アートに触れ、時代の移り変わりに敏感になるためたくさんの人と会い、ニュースや雑誌のチェックも欠かさない。エネルギッシュな生きざまは次世代美容師の憧れだ。

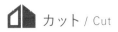 カット / Cut

三笠竜哉

Tierra

TATSUYA MIKASA

📞 **03-6418-8005**
🌐 http://www.tierra-net.co.jp/

すでに雑誌などで活躍していた三笠氏の人気を不動のものにしたのは、"褒められヘア"。まわりから褒められる究極の似合わせで、自分に自信がなかった人もキラキラと輝きを増すと評判が広がり、いつしか彼に髪を切ってもらうと恋が叶うといわれるように。実際、彼氏ができたという人が続出。似合わせというと、その人の骨格に合わせたバランスを考えがちだが、客観視したときに、どうすればその人が魅力的に見えるかを考えることが重要だと三笠氏は考える。サロンにいる姿ではなく、例えば友達といるときや職場でのシーンを想像してデザインを考えるのだ。高いレベルの技術を持っていても、洞察力や感性を磨かなくては究極の似合わせは生まれない。感性を養うために、街を歩きながら、食事をしながら、どんなときでも女性を観察していたという。アシスタント時代からの習慣が体に染みつき、今は意識をしていなくても自然と観察しているのだそう。真っ直ぐな正確なカットとあえてくずすカットで、大人に似合うアンニュイな雰囲気をつくり出すのも得意とするところ。これからも彼の手によって幸せになる女性が増えていくだろう。

DATA

🏠 東京都渋谷区神宮前 6-28-3
　G ビル神宮前 06　B1
🗓 火曜
🕐 11:30 ～ 21:00
　土 10:00 ～ 20:00
　日・祝 10:00 ～ 19:00

▶ ¥5,000 ～（三笠　¥8,000）
　カラー（ミディアム）¥7,000
　パーマ　¥14,000

● 完全予約制　● カード支払い可　● 個室あり

 カット / Cut

みやちのりよし

SHACHU
渋谷本店

NORIYOSHI MIYACHI

カット技術はもちろんカラーやトリートメントなども含めて総合的なスタイリングを心がけるみやちのりよし氏。その代名詞ともいえる「ユニコーンカラー」はインスタグラムをはじめとした SNS の時代にアート的な感覚で世界中へ発信され好評を得ている。まるでステンドグラスのような色彩の魔術師。グローバルに発信し続けるみやち氏の元には、台湾・中国・マレーシア・シンガポールなどアジア圏だけでなく欧米からも多くの顧客が押し寄せリピートしている。富裕層が多く彼の元へ来店しているのも特徴だ。世界への発信力を持つみやち氏、ただのインスタ映えではなく、そのセンスや色彩感覚は的確で高度な技術に裏付けられている。「ヘアサロンをアミューズメントパークにしたい」。エンタテイメント感溢れるみやち氏の夢は日本だけでなく、世界を捉えているのだろう。経営的にも新しい試みを常に試し、探求心も強い。知識や経験に基づき、実行し続ける「ヘア業界のマーケッター」としてのみやち氏にも注目していきたい。

DATA·······························

◎ 東京都渋谷区渋谷 1-22-6
火曜
11:00 ～ 21:00
土・日・祝日 10:00 ～ 20:00

▶ カット　¥6,500
　カラー　¥7,000 ～
　パーマ　¥9,000 ～
● 完全予約制　● カード支払い可

カット / Cut

宮村浩気

AFLOAT / XELHA

HIROKI MIYAMURA

DATA

《XELHA》

- 東京都中央区銀座 4-8-4
  三原ビル 2F
- 火曜、第 2・4 月曜
- 月 11:00 ～ 20:00
  水・金 13:00 ～ 22:00
  木 12:00 ～ 21:00
  土・祝日 10:00 ～ 19:00
  日 10:00 ～ 18:00

▶ カット　¥7,000 ～　ベーシックカラー　¥8,500　エアウェーブ　¥21,000

● 完全予約制　● カード支払い可　● 個室あり

※現在、宮村さんは新規予約は受け付けておりません。

☎ **03-6264-4136**
🌐 https://www.afloat.co.jp/

アイロンでラフに巻いた躍動感のある毛流れと、ハーフウエットの質感がおしゃれ。

90年代のカリスマ美容師ブームを牽引し、元祖モテ髪の伝道師として女性たちを魅了し続けている宮村浩気氏。「女性を必ずきれいにする」をモットーに、どんな人でも、誰が見ても圧倒的に可愛くなったねと言わせるデザインを提供。サロンワークだけにとどまらず、ヘア＆メイクとしてCM、テレビ、ファッション誌からのオファーも絶えない。髪がやわらかく舞うスタイルは宮村氏の十八番。日本人の太く重い髪に軽さとやわらかさ、浮遊感を与えたいと、研究に研究を重ねた結果、生み出されたもの。「まっすぐにカットするのが得意じゃなかったからね」と冗談交じりに語るが、人と同じことをしないという信念があるからこそ確立した技術なのだ。ついついモテ髪に注目してしまうが、クセ毛の救世主でもある。なぜなら宮村氏自身もクセ毛に悩んできたからだ。一番の理解者として扱いやすく、しかも可愛く仕上げてくれるとクセ毛界でも絶大な信頼を得ている。常に期待を裏切らない仕事が、カリスマとしての地位をゆるぎないものにしているのだろう。

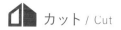
八木岡聡

DaB omotesando

SATOSHI YAGIOKA

☎ **03-5778-4700**
🌐 http://dab.co.jp/

日本の美容界を変えたといっても過言ではない、八木岡氏。今当たり前に行われているモデルハントやヘアショーは彼がはじめたこと。「ツーブロック」「Wバング」「Wカラー」などの考案者でもあり、「ヘアデザイナー」という呼び名と概念をつくったのも彼だ。43年という長いキャリアのはじまりはSHIMA。全店を統括するディレクターを務め、その後は海外でフリーランスとして活動。1995年、代官山にDaBをオープンし、2019年には銀座にも進出した。創業当時からのお客さまも年を重ね、大人に。エッジの効いた大人のニーズにこたえるため、"キュート＆クール"というコンセプトから"クールクチュール"へ。新しい価値観や技術をつくっていくことがお客さまを満足させる要素のひとつだという。また、お客さまがのぞむ形ありきではなく、その人の想像を超え、魅力的に見えるデザインを提供するのが、ヘアデザイナーとしての本質だと八木岡氏は語る。つくり上げたヘアデザインは、すぐに形を変えてしまう儚いクリエイションだが、人生を応援できる素敵な仕事。お客さまの笑顔のために、デザイナーとしての成長があるかぎりまだまだサロンに立ち続けるという。

DATA ·················

◎ 東京都渋谷区神宮前5-2-6
　コロネード神宮前1F
🕛 火曜
🕚 11:00 〜 21:00
　土 10:00 〜 20:00
　日・祝日 10:00 〜 19:00

✂ カット　￥6,000 〜
　カット＆カラー　￥13,500 〜
　カット＆パーマ　￥14,000 〜　※指名料　￥2,000
● 完全予約制　● カード支払い可
※現在、八木岡さんは新規予約を受け付けておりません。

カット / Cut

山田千恵

CHIE YAMADA

DaB daikanyama

DATA

- 東京都渋谷区猿楽町 28-11
  ネスト代官山 1F
- 火曜
- 11：00 ～ 21：00
  月・土 10：00 ～ 20：00
  日・祝日 10：00 ～ 19：00

▶ カット　¥6,000 ～
　カット＆カラー　¥13,500 ～
　カット＆パーマ　¥14,000 ～
　※指名料　¥1,500
● 完全予約制　● カード支払い可

サイドを潔くカットし
ハイライトを効かせた
ショート。自立した芯
の強い女性を表現。

DaB のオープニングスタッフとして参加し、中心的なデザイ
ナーとしてサロン発展に貢献してきた。イマジネーションあふ
れる作品は評価が高く、その世界観に他業界からもクリエイ
ターとしてリスペクトされている。「おしゃれなショートにする
なら山田さんに切ってほしい」という女性は多い。自身もさま
ざまなデザインにトライしてきたというショートヘアは彼女の
専売特許。前髪やもみあげ、えり足など肌に触れる髪が多い分、
毛先の表情づくりに神経を注ぐ。その人がチャーミングに見え
るにはどういうデザインがいいのか、会った瞬間の機微からイ
メージがわいてくるという。さらに会話をすることで内面を含
めて魅力的に見えるデザインをすり合わせる。切った瞬間から
サマになる、ずっと前からそのヘアだったようなフィット感も
魅力だ。カットに加え、パーマやカラーが加わることでデザイ
ンが広がっていく。そのためにアシスタントとの関係を大切に
し積極的にコミュニケーションをとる。山田氏が代表・八木岡
氏のもとで仕事を学んだように、若手育成にも力を注いでいる。

カット / Cut

悠馬

Dayt.

YUMA

📞 03-6416-3851
🌐 https://www.dayt.tokyo/

2018 年、代官山に Dayt. をオープン。照明やインテリアにもこだわった上質な大人サロンだ。エッジを効かせつつもその人のライフスタイルになじむデザインに落とし込むのが、悠馬氏の得意とするところ。細かさ、ていねいさは誰にも負けない。カットラインの美しさ、肌になじむ毛先、はらりと動く毛束。正面だけでなく、横からの見え方にもとことんこだわったショートやボブに魅了されること間違いない。高いデザイン性は、20 歳から勤めた原宿のサロンで培ったもの。当時めきめきと実力を発揮し、雑誌のヘア企画でも指名されるように。しかし、スター美容師への道を進んでいた 30 代前半、休業し海外へ。約 1 年、世界中を旅してまわり、コレクションのバックステージを手伝ったり、路上で髪を切ったりとさまざまな経験を積んだ。南米ペルーを訪れた時に出会ったのが、Dayt. の 1 階にある日本茶スタンドを経営する大場氏だ。旅を通じて新しい人脈もでき、世界がさらに広がったという。"やりたいことを楽しくやりたい"と悠馬氏。今後はカルチャーを取り入れたサロンづくりも視野に入れているという。

DATA ··············

◎ 東京都渋谷区恵比寿西
2-12-14
月曜、第 1・3 火曜
11:00 〜 21:00
土 10:00 〜 20:00
日 10:00 〜 19:00

▶ カット　¥6,000 〜
シングルカラー　¥8,500 〜
パーマ　¥10,500
● 完全予約制　● カード支払い可

JULIAN

MR.BROTHERS CUT CLUB
原宿 2 号店

ジュリアン

📞 **03-6452-6242**
🌐 http://mr-brothers-cutclub.com/

SNS で注目を集めている MR.BROTHERS CUT CLUB。副代表を務めるジュリアン氏のもとには中国、アメリカ、ヨーロッパなど世界中からお客さまが集まってくる。もともとは女性をターゲットとした原宿のサロンに勤めていたが、バーバーの世界に魅せられ「カッコいい男性を増やしたい」という思いが募りメンズカットの世界へ。代表の西森友弥氏とともにサロン立ち上げに携わった。トップを長めに残し、ポマードでスタイリングするクラシックヘアがサロンのウリ。ベースカット後のブレンディングがジュリアン氏にとっての勝負どころ。フェード（刈り上げ）にこだわり、彫刻のように削っていく作業で美しい造形を生み出すのだ。クラシックヘアは角があるカチッとしたスタイルだが、彼の手にかかるとどこかやわらかさを感じる仕上がりに。「髪を乾かした後のカットでその人にいかになじむかが決まってきます。ポマードのノリにもつながる。カットする側のオリジナリティも出るので、力量が試されるところ」と語る。見た目とは裏腹に、気取らない雰囲気もお客さまが絶えない理由かもしれない。

DATA‥‥‥‥‥‥‥‥‥‥‥‥‥‥‥
◎ 東京都渋谷区神宮前 6-14-12
🈚 無休
🕚 11:00 ～ 22:00
　　日 11:00 ～ 20:00

▶ カット ¥6,000 ～
　カラー ¥7,000 ～
　パーマ ¥7,000 ～
　シェービング ¥2,000 ～
● 要予約　● 当日受付可　● カード支払い可

カット・メンズスタイル / Cut・Men's Style

高木琢也

OCEAN TOKYO

TAKUYA TAKAGI

DATA

東京都渋谷区神宮前 5-27-7
アルボーレ神宮前 4F
月曜、第 2 火曜
11:00 〜 20:00

▶ カット　¥12,000
カット＆カラー　¥18,500
カット＆パーマ　¥18,500
※高木さん料金
● 完全予約制　● カード支払い可

シャープな束感を出す
カットが得意。キメキ
メじゃないのにカッコ
いいを狙っている。

若い世代を中心に圧倒的な支持を得る「OCEAN TOKYO」を率いるのが高木琢也氏。1カ月の予約は3分で埋まるといわれほど、今最も忙しく人気を集める美容師だ。月間売上1,200万円というヘアサロン業界で不可能と言われた驚異的な数字を叩き出し、日本一のメンズスタイルを決めるコンテストでは前人未踏の3連覇を果たした。自身初となる著書も発売前から重版がかかるほど。似合わせは当たり前、今までで一番イケてる！と思わせないと意味がない。男子の悩みを一番理解できるのは男子だと、自分の経験をもとに"適当だけどカッコいい"スタイルを打ち出している。自身が天然パーマということもあり、スタイリングにはうるさい。あらゆる髪型を試し、どうすれば簡単に決まるのかを研究してきたからこそ、お客さまに満足度の高いスタイルを提供できるのだ。「ひとつのヘアデザインで10人以上の笑顔をつくる」を信条とし、目の前のお客さまだけでなく、そのまわりにいる家族、友人、恋人の笑顔を想像してカットをする。幸せの連鎖を起こす、まさにカリスマだ。

カット・メンズスタイル / Cut・Men's Style

外山龍助 hair make KIDMAN

RYUSUKE TOYAMA

☎ **03-5422-8020**
🌐 https://kidman.jp/

都内 2 店舗を経て、2014 年に KIDMAN を立ち上げた外山氏。DA PUMP をはじめミュージシャンや俳優のヘア＆メイクでも有名だ。美容師としてもヘア＆メイクとしてもスペシャリストでありたいと、どちらも常に真剣勝負。サロンワークではお客さまが次に来店するまでの 1 〜 2 カ月の間、ストレスなく過ごせるように再現性を重視して、デザインを提供。そのために、シャンプーをして髪をリセットしてからカットするのではなく、来店時の素髪でドライカット。本人がブローをした状態から切ることで、家でも扱いやすくなるという。提案するヘアデザイン以上に気を配っているのがサロンで過ごす時間。空間も楽しめるようにインテリアにもこだわっている。通りに面していながら、サロンに一歩足を踏み入れると街の喧騒は気にならない。木のぬくもりを感じるリラックスできる空間だ。幅広い世代のお客さまに対応するため、プライベートでも年齢、職業を問わずさまざまな人達と交流を深め感覚を鈍らせないようにしている。メンズ担当のイメージが強いが、女性の顧客も多く "エロガンス" をテーマにしたヘアが人気だ。

DATA·····················
⌂ 東京都渋谷区恵比寿 1-30-14
　マートルコート 2000 #103
　月曜
⏰ 12:00 〜 21:00

▶ カット　￥7,150
　（外山　￥7,700）
　カラー　￥6,600 〜
　パーマ　￥6,600 〜　※税込み。
● 完全予約制　● カード支払い可

中村トメ吉

GOALD

TOMEKICHI NAKAMURA

📞 **03-6455-2283**
🌐 https://goald.co.jp/

言わずと知れたメンズカット界のカリスマ中村氏。過去都内 2 店舗をメンズ業界№ 1 サロンに押し上げ、OCEAN TOKYO の創設者でもある。2019 年 9 月に再び起業し、渋谷に GOALD をオープン。様々な事業であらゆるカッコいいをプロデュースするライフスタイルカンパニーでありたいという信念を持ち、髪型だけでなく自分たちの生きざまも提供するサロンにしたいと語る。業界に新しい価値観を生み出す実業家であり革命家だ。経営者としての熱い思いをまとめた書籍は Amazon ベストセラー 1 位を獲得。カット技術は言わずもがな。ボリュームや質感のコントロール、骨格矯正、再現性、そして機能性。どれをとってもハイレベル。これまでカットしてきた人数を考えれば、経験値は歴然の差。お客さまのコンプレックスやどうすればカッコよくなれるのかを瞬時に見極め、兄貴的存在でフランクに話す。それだけでハートをがっしりつかめるのだ。"人対人" にこだわり、髪も心も人生もどれだけデザインできるかを考え、彼女を喜ばせるような感覚で接するのだという。彼のほとばしる情熱に魅せられたファンが今日もサロンを訪れる。

DATA················

**東京都渋谷区神南 1-22-7
岩本ビル 5F**
月曜
🕐 **12:00 ～ 21:00**

▶ カット　￥11,000
カット＆カラー　￥18,150
カット＆パーマ　￥18,150
※税込み。
● 完全予約制　● カード支払い可

西森友弥

MR.BROTHERS CUT CLUB
中目黒

TOMOYA NISHIMORI

DATA

- 東京都目黒区上目黒 2-13-7
- 不定休
- 11:00 〜 22:00
  日 11:00 〜 20:00

- ▶ カット　¥6,000 〜
  パーマ　¥7,000 〜
  カラー　¥7,000 〜
- ●要予約　●当日受付可　●カード支払い可

Cut Men's Style

しっかりと分け目をつけ、高さを出してスタイリング。角を残したカッコいいスタイル。

古き良きアメリカンカルチャーに魅せられ、フェードを取り入れたクラシックヘアを提供するサロンをオープンしたのが2015年。ゆるふわなスタイルとは一線を画す、男らしいクラシックヘアで、日本のバーバー界に新風を起こした代表の西森氏。その風貌から近寄りがたいイメージだが、接客を受けるとその見た目とは正反対。とてもフランクで会話が途切れることはない。西森氏の趣味が反映された店内はヨーロピアンヴィンテージでまとめられ、空間も楽しめるバーバーだ。海外でもその実力が認められている一流のカット技術を少しでも盗みたいと、セミナーはいつも満員御礼。ハサミとバリカンを巧みに動かすその手さばきは、まさに職人といえるだろう。0.1mmまでにこだわったフェードスタイルが西森氏の真骨頂。俳優やスポーツ選手など著名人のファンも多い。ヘアだけでなく、ファッションを含めたライフスタイルまでもカッコいい男らしさをつくるのが、西森氏の目指すところ。技術の伝承にも力を入れていて、アカデミーの設立が夢だという。

カット・メンズスタイル / Cut・Men's Style

畑成美

SARY

NARUMI HATA

📞 **03-6805-1373**
🌐 http://sa-ry.com/

メンズカットといえば男性美容師が多いなか、女性でも多くの顧客を抱え人気な美容師がいる。それが SARY の畑氏だ。顧客の 98％が男性。都内 2 店舗を経て、2017 年に田中一輝氏が立ち上げた SARY に参加。田中氏との出会いは学生時代。彼の人間性や技術に憧れ、ずっと背中を追いかけてきた。メンズを中心にやろうと決めたのも彼の影響が大きいという。畑氏の集客のほとんどはブログなど SNS からだ。インスタグラムに加え、ブログも毎日更新。「メンズカットの達人」と公言し、ヘアスタイルだけでなく、自身の思いをつづっている。彼女の得意スタイル、人柄を知った上で来店するお客さまが多いので、コミュニケーションもスムーズにできるという。男性の悩みに共感しながら、女性ならではの視線でカッコいいデザインを提供。ハサミとバリカンを使い分け、多彩な刈り上げのデザインを生み出していく。サロンだけで完成するスタイルではなく、自宅でドライヤーとスタイリング剤だけで簡単にセットできることを心がけている。レクチャーしたスタイリング方法をもとに、セットが上手になっていくお客さまを見るのが喜びだという。

DATA ························

◎ 東京都港区南青山 5-4-51
　シャトー青山第一 403 号
🚫 月曜
🕚 11:00 ～ 20:00
　日・祝日 10:00 ～ 19:00

▶ カット　￥6,000
　カラー　￥7,000 ～
　パーマ　￥8,000 ～
● 完全予約制　● カード支払い可

三科光平　OCEAN TOKYO Harajuku

KOUHEI MISHINA

☎ 03-6455-5076
🌐 http://www.oceantokyo.com/

OCEAN TOKYO の立ち上げに関わり、現在は Harajuku 店代表取締役を務める三科氏。美容師を目指してから目標を明確に定め、最短で成し遂げるための道筋をたてて行動にうつしてきた。就職後、2 年でデビューすると決め有言実行。その姿勢は今も変わらず、生き方だけでなくカットにおいても "なんとなく" でやるのではなく理論をしっかり持って行動にうつすのだ。勢いがあるサロンのカリスマ美容師になるには、それだけの理由がある。三科氏は言葉で説明できないデザインはつくらない。なんとなくは嫌いだからだ。刈り上げの幅、前髪の長さなどきちんと説明をする。また、自宅で再現できなくては意味がないので、来店時のスタイルをチェックし、普段のスタイリング方法を聞いてレベルを把握してからカットに入るのもこだわりだ。お客さまは悩みや要望をうまく伝えられないもの。そこを気づいてあげられるのがプロ。そのためには技術だけでなく、知識を蓄えないといけないと語る。彼の頭のなかには常にいくつもの答えが用意されているのだという。美容師としての誇りを持ち準備を怠らない姿勢が、今の地位を築いたのだろう。

DATA ·······················
◎ 東京都渋谷区神宮前 4-32-13
　 JPR 神宮前 432 ビル 6F
▫ 月曜、第 2 火曜
⏱ 11:00 ～ 20:00

▶ カット　￥10,000
　 カット＆カラー　￥16,500
　 カット＆パーマ　￥16,500
　 ※三科さん料金
● 完全予約制　● カード支払い可

パーマ / Perm

ANTI

担当／IKEさん

☎ 03-5778-7111
🌐 https://anti-world.jp/

円錐ロッドの生みの親であり、「パーマの魔術師」と呼ばれる小松利幸氏が率いるサロン。ANTI でパーマをかけた人は必ずパーマが好きになるという。そのワケは、髪を傷ませないオリジナルのパーマ理論にある。小松氏が生み出した KPM（小松パーマメソッド）は特許を取得した業界屈指のテクニック。特別な道具は使わないのに KPM でかけたパーマは通常よりもツヤのあるやわらかい質感に仕上がり、持ちもいいのが特徴だ。パーマをかけると髪が傷むというネガティブな印象も払拭してくれる。パーマは傷むものではなく、パーマをかけると髪がきれいに見える時代にしたいと小松氏は考えオリジナルの理論でそれを叶えたのだ。ブリーチやハイトーンカラーをした髪でもパーマをかけることができるのも KPM ならでは。ダメージ毛でもふんわりとした質感に。外国人のようなクセ毛風スタイルも KPM なら思いのまま。サロン帰りのスタイルが自宅でも再現できるというのも魅力のひとつ。タオルドライ後にワックスをもみ込むだけで、形が決まるのだ。髪を傷ませないパーマで今までに体験したことのない手触りを体感して。

DATA ·······················

📍東京都港区南青山 6-1-3
　コレッツィオーネ 2F
🚫火曜
🕐11:00 〜 21:00
　金 13:00 〜 22:00
　土 10:00 〜 20:00
　日・祝日 10:00 〜 19:00

▶カット＆パーマ　￥17,100 〜
　カット＆ KPM プレミアムエアウェーブパーマ　￥20,600 〜
●完全予約制　●カード支払い可　●個室あり

apish AOYAMA

アピッシュ アオヤマ

担当／黒山慶司さん

📞 **03-5766-3605**
🌐 https://www.apish.co.jp/

オリジナルのパーマ理論と技術で、日本のパーマを牽引している apish。最新の技術をいち早く取り入れ、研究に研究を重ねた独自のノウハウを持つ。前髪やえり足、トップなどパーツごとに髪質を診断し、それぞれの部分によって薬剤や巻き方、ロッドのサイズなどをニーズに合わせて使い分けていくのが特徴。なかでもクリーム状の薬剤を使ってかけるシスパーマはフォルムコントロールがしやすく、狙ったところにボリュームが出せると好評だ。また、クセが気になる根元のうねりはのばして毛先にだけカールをかけるということも可能。事前処理トリートメントで髪の傷みを修復しながら施術をするので、カールやウェーブがきれいに出せるのも魅力。パーマスタイルのベースとなる一番大切なカットは apish 独自のパーマ専用カット技術を用いており、あらゆる髪質でもパーマをかけることができるそうだ。構築した理論や技術をカリキュラム化し、サロン内での技術伝承だけでなく、日本全体のパーマ技術のレベルアップを目指して、パーマアカデミーも開催している。

DATA·····························

📍東京都港区南青山 5-12-6
　青山第 2 和田ビル 2F
🗓月曜
🕐11:00 ～ 20:00
　水 11:00 ～ 21:00
　金 12:00 ～ 21:00
　土 10:00 ～ 20:00
　日・祝日 10:00 ～ 19:00

▶コールドパーマ　¥8,200
　シスパーマ　¥9,500 ～
　デジタルパーマ　¥12,000 ～
　※カット料金は別
●完全予約制　●カード支払い可　●個室あり

パーマ / Perm

MINX 青山店

担当／歳嶋建国さん

03-3746-2722

https://minx-net.co.jp/

MINX にはパーマ技術を専門に研究、開発するプロジェクトチームがあり、業界でも一目置かれる存在だ。モデルを使って新しい薬剤や施術方法を試し、その結果をもとに各店で使える技術に落とし込んでいくのだ。パーマを知り尽くしたプロジェクトリーダーがしっかりと指導をするので、スタッフ全員のパーマスキルは高く、髪質やトレンド、お客さまの要望に合わせたスタイルを提供することができる。パーマをかける前には必ず毛髪診断を行い、薬剤や施術法を選定していく。髪のダメージによってはトリートメントを組み合わせてパーマをかけるので、髪が傷むというネガティブなイメージは払拭される。かたい髪をやわらかく見せたり、広がりやすい髪をまとまりやすくしたりと、パーマは髪を扱いやすくするツールだと歳嶋氏は考えているという。トレンドはしっかりと巻くよりも、女性らしいやわらかい髪に見せるヌーディなウェーブ。歳嶋氏がつくる大きくゆれるウェーブは、大人の可愛さを引き出してくれると人気だ。日常のふとした瞬間に髪がきれいにゆれ動く、MINX のパーママジックで新しい自分を発見してみては。

DATA·····························

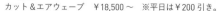

◎ 東京都港区北青山 3-5-23
　　吉川表参道ビル 2・3・4F

火曜

11:00 〜 21:00
土 10:00 〜 20:00
日・祝日 10:00 〜 19:00

▶ カット＆パーマ　¥13,500 〜
カット＆デジタルパーマ
¥18,500 〜
カット＆エアウェーブ　¥18,500 〜　※平日は¥200引き。
● 完全予約制　● カード支払い可

SHEA. aoyama

シア アオヤマ

担当／坂狩トモタカさん

☎ 03-6447-0377
🌐 https://shea.tokyo/

ヘアカタログでは巻き髪スタイルがあふれているのに、サロンでのパーマ比率はかなり低いのが現状。パーマをかけると老けて見える、スタイリングが面倒、髪が傷むといったマイナスイメージが先行し、「パーマをかけたい」と望む声が少ないことから、オーナーの坂狩氏は「またパーマをかけたい」「かけたほうがいい」と思わせる手法を生み出した。全体を巻くのではなく、毛先だけにワンカールのパーマをかけるその名も「毛先だけパーマ」だ。かたい髪でもやわらかく見せる坂狩氏のカット技術にプラスすれば、自然にふんわりと髪が動き、女っぽさが引き立つのだ。SHEA. で毛先だけパーマをかけた人達のリピート率は高く、「パーマから抜け出せない」というお客さまが続出なんだとか。パーマはサロンでしかできない特別な技術だからこそ、「かけたほうがいい」と思わせるのが勝ちだ。メソッドはシンプルだが、カットとの連動性が高いため、ベースカットが重要になる。レイヤーを入れる位置によって雰囲気が変わるので、カットの技術力も試される。アンニュイな雰囲気ただよう毛先だけパーマは SHEA. のオンリーワンスタイルだ。

DATA·····························

📍 東京都港区青山 3-8-7
　 ラ・トゥール南青山 2F
🗓 火曜、年末年始
🕐 11:00 〜 20:00
　 木 11:00 〜 21:00
　 金 10:00 〜 20:00
　 土・日・祝日 10:00 〜 19:00

▶ カット＆パーマ
　 ¥13,750 〜 19,800
　 カット＆デジタルパーマ　¥19,800 〜 24,200
　 ※税込み。
● 完全予約制　● カード支払い可

stair:case

ステアケース

担当／時枝弘明さん

☎ 03-6228-5569
🌐 https://staircase-ginza.com/

パーマの第一人者として知られる時枝弘明氏とヘアカラーの
スペシャリスト中村太輔氏が代表を務める stair:case。それぞ
れの専門性を活かし、高い技術を提供。なかでもパーマは徹底
的にダメージレスにこだわったオリジナルレシピで、優しい薬
剤を使用しタンパク質やビタミンなど髪に必要な栄養分を補
うことで手触りのいい仕上がりに。「パーマをかける前よりも
髪のコンディションがよく、思わず触りたくなるなめらかさ」
と、時枝流パーマを初めてかけた人は驚くそう。カラーを繰り
返して髪が傷んでいる、髪が細くペタンとしてしまう、クセ毛
でまとまらないなど、どんな髪悩みにも対応。再現性と持続性
も高く、乾かすだけで形が決まる手軽さで、またパーマをかけ
たくなるとリピート率も9割以上！　パーマをより魅力的に見
せるためのカット技術も時枝氏オリジナル。独自の理論から生
まれる女性らしいやわらかなウェーブは、日本国内だけでなく
中国などアジア圏でも人気で、海外からも定期的に通っている
お客さまがいるほどだ。遠方からも通う価値のある唯一無二の
技術をぜひ体験してほしい。

DATA··························
🔸 東京都中央区銀座 5-5-14
　JPR 銀座並木通りビル 10F
🔸 第 3 火曜
🔸 10:00 〜 22:00
　土・祝日 10:00 〜 21:00
　日 10:00 〜 19:00

▶ パーマ　¥11,550
　デジタルパーマ　¥14,850
　エアウェーブ　¥17,050
　※税込み。
● 完全予約制 ● カード支払い可 ● 個室あり

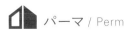
XELHA

担当／中川恵理さん

📞 **03-6264-4136**
🌐 https://www.afloat.co.jp/salon/xel-ha/

早い・簡単・傷まないがポイントの AFLOAT のパーマは、なりたい理想のパーマスタイルを叶えてくれると多くのお客さまから支持を得ている。モテ髪ブームの火つけ役である宮村浩気氏が生み出した巻き髪スタイルは、女性の憧れ。時代とともに巻き髪のデザインは変化しているが、軸にあるのはやわらかい質感。手触りがよく弾力のあるカールがつくれるデジタルパーマもいち早く導入している。その技術には定評があり、お客さまひとりひとりの髪質やダメージレベルに応じて薬剤を選定し、温度設定にも徹底的にこだわっている。最近の主流は髪への負担をさらに軽減した低温処理でかけるデジキュア。トレンドの脱力系のゆるやかなウェーブもデジキュアなら極上のやわらかい質感に仕上がると人気だ。デジタルパーマはカールやウェーブを形状記憶してくれるので、スタイリングも簡単。もちろん、家でのスタイリング方法についても丁寧に教えてくれるので安心だ。銀座に店を構える XELHA は AFLOAT の中でも本物を知っている大人女性がターゲット。オーガニックメニューにも注目したい。

DATA ·······························

🏠 東京都中央区銀座 4-8-4
　三原ビル 2F
📅 火曜、第 2・4 月曜
🕐 月 11:00 ～ 20:00
　水・金 13:00 ～ 22:00
　木 12:00 ～ 21:00
　土・祝日 10:00 ～ 19:00
　日 10:00 ～ 18:00

▶ コールドパーマ　￥16,500 ～
　エアウェーブ　￥21,000
　デジタルパーマ（organic）　￥21,000
● 完全予約制　● クレジットカード支払い可　● 個室あり

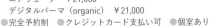

183

ヘアカラー / Hair color

air-GINZA tower

～ミラーギンザタワー～

担当／AKIRAさん

有名タレントやモデルが通うサロンとして知られるだけあり、おしゃれへの関心が高くトレンドに敏感なお客さまが多い。全国展開するなかでも、GINZA tower 店は高級感あふれる雰囲気で、OL からマダムまで幅広い層が足しげく通う。ハイセンスなカットデザインはもちろん、カラー技術も非常に高い。そのワケは、air グループのカラー教育にある。各店から選出されたスペシャリストを集めた薬剤チームがあり、選定や検証、また勉強会やトレンドカラーのセミナーなどを定期的に行っているためスタッフは皆知識豊富なのだ。グラデーションカラーをいち早く取り入れ、カラー剤の開発にも携わっている。お客さまのさまざまな要望に応えられるよう薬剤も豊富にそろえ、髪の状態やヘアデザインによって選定していく。髪をきれいに見せるだけでなく、肌までもきれいに見せるカラーづくりには定評がある。今人気のアッシュやグレージュも他では味わえない透明感あふれる仕上がりに。持ちがよく落ち着きのある透明感なので、大人女性にも好評。コンサバ系カラーを求める方におすすめのサロンだ。

DATA

📍 東京都港区新橋 1-4-1
　wamiles 銀座タワー 1・2F
🕐 火曜
🕚 11:00 ～ 21:00
　日・祝日 10:00 ～ 19:00

▶ カラー（シングル）￥7,000 ～
　ハイライト／ローライト
　￥7,000 ～
● 予約優先　● カード支払い可

Belle omotesando

担当／堀之内大介さん(カット・パーマ)、
樺井英樹さん(カラー)

☎ 03-3479-6656
🌐 http://belle-omotesando.jp/

店名の Belle はフランス語で「一番美しい人」という意味があり、お客さまを一番美しくしたいという気持ちを込めて名づけたそう。2010 年のオープン以来、着実に店舗数を増やし現在都内で 5 店舗を構えるまでに成長。感度の高いおしゃれヘアは、有名女優やモデルからも支持を得ている。特に女の子の憧れ、外国人風カラーには定評がある。というのも Belle にはカラーを専門とするベテランのカラーリストがいるからだ。パーソナルカラー＆色彩心理＆カウンセリングの資格を持ち、肌や瞳の色、ファッションからお客さまだけの "似合わせカラー" を見つけてくれる。200 ～ 300 種類のカラー剤の中からベストな調合を行うだけでなく、グラデーション、ハイライト、バレアージュなどカラーリングの技術も全国の美容師が認める腕前だ。定休日には全国各地を飛び回り、美容師向けのカラーリング講習、美容専門学校での講師も務めるほど。またアッシュブームを起こした「THROW」など、カラー剤の開発にも携わっている。自分らしい髪色を見つけたい、一歩先行くデザインカラーを楽しみたいなら Belle におまかせ！

Hair color

DATA ··························

⚲ 東京都渋谷区神宮前 3-5-4
⚲ 火曜
⚲ 12:00 ～ 21:00
　　土 10:00 ～ 20:00
　　日・祝日 10:00 ～ 19:00

▶ カラー＆カット　￥14,000 ～
　カラー　￥8,000 ～
　ダブルカラー　￥13,000 ～
● 完全予約制　● カード支払い可　● 半個室あり

CANAAN

カナン

担当／山本麻美さん、
長崎英広さん（カラー）

担当／井上博美さん、
長崎英広さん（カラー）

担当／山本麻美さん、
長崎英広さん（カラー）

渋谷から原宿に向かうキャットストリート沿いに長崎英広氏が指揮をとるCANAANはある。長崎氏のカラー技術は国内トップクラスで、国内外で数多くのカラーセミナーを行い、受講者は年間1万人を超える。卓越したカラー技術と知識でどんな悩みがあるお客さまでも魔法にかけてしまう。20年にわたるヘアカラー研究によりつくり上げた「似合わせ・ダメージレス・デザイン」を軸としたヘアカラーの配合レシピは多くの著書にまとめられ、美容業界の教科書となっている。カウンセリングで毛髪状態をしっかりと把握し、カラーを塗布する前に根元、中間、毛先に適した薬剤を割り出していくので、施術中のチェックはなく根元から毛先まで一気に塗布することができるので施術時間が短いのが特徴。ダメージレスで、透明感とツヤ、色持ちに差が出て「染めるたびに髪がきれいになる」と評判だ。カールのやわらかい動きをハイライトで強調したり、ペールトーンのグレージュで女性らしさを引き立てたり、クールな中にも女っぽさを表現したカラーが得意。45日後の来店を考えたカラー剤の選定と技術がリピート客を増やし、満足度を高めている。

DATA·······················

◎ 東京都渋谷区神宮前5-17-30
　 ティスモ原宿 3F
🗓 月・火曜
🕐 11:30 ～ 21:00
　 土 10:00 ～ 20:00
　 日・祝日 10:00 ～ 19:00

▶ カラー　¥6,000 ～
　 デザインカラー　¥3,000 ～
　 ※カラーのみの場合はシャンプー＆ブロー¥2,000をプラス。
● 完全予約制　● カード支払い可

Hair color

GALA

担当／横藤田聡さん

☎ **03-6452-6504**
⊕ http://galahair-official.com/

カラー激戦区・渋谷にサロンを構える GALA。店名の GALA とは、「魅力的な魔性の女」のこと。たくさんの人を魅了する、外国人の様なカッコよさを引き出すことをコンセプトにしている。海外でもカラーセミナーを行うオーナー横藤田氏が生み出すスペシャルハイライトやバレイヤージュを求めて感度の高い女性たちが集まり、カラー比率はほぼ 100％。外国のストリートの女の子をイメージして研究してきたこだわりのデザインカラーは GALA の代名詞ともいえるだろう。髪をかきあげた時の自然な陰影、よりリアルに見える外国人風の絶妙なアッシュカラー、結んでもおしゃれに決まるバレイヤージュは流行に敏感な女性たちを大いに喜ばせている。デザインカラーはスペシャリストたちが、お客さまひとりひとりのファッション、イメージに合わせて絶妙な薬剤選定を行ってくれるいわばオーダーメイドカラー。もちろんカラーデザインが映える髪のケアも万全で、地毛のようななじみのいいカラーとやわらかな質感が叶えられる。クールでセクシーなカッコいい女性を目指すなら、GALA のこだわりカラーを一度体験してほしい。

DATA ·······························
◎ 東京都渋谷区渋谷 1-9-1
　渋谷ビジネス会館 2F
◎ 月曜、第 2・4 火曜
◎ 11:30 〜 21:30
　土・日 11:00 〜 20:00

▶ カラー　￥7,000 〜
　ブリーチ　￥8,000 〜
　ハイブリーチ　￥16,400 〜
● 完全予約制　● 当日受付可　● カード支払い可

kakimoto arms 六本木ヒルズ店

カキモトアームズ ロッポンギヒルズテン

1994年に日本初となるカラーリストを導入。翌年にはヘアカラー専門店をオープンするなど、日本のヘアカラーのパイオニアとして知られるサロンだ。六本木ヒルズ店には現在、9名のカラーリストが在籍。カラーマネージャーを務める高原紀子氏はカラーリスト1期生として、25年のキャリアがある大ベテラン。カラーリストは薬剤に対する豊富な知識はもちろんのこと、肌のトーン、瞳や唇の色から見極めるパーソナルカラーをベースにお客さまの魅力を引き出すカラーの提案力に優れている。ワンメイクだけでなく、ハイライト、ローライト、インナーカラーなどを巧みに操るデザインカラーも魅力のひとつ。特にハイライトの技術が高く、360度どこから見てもその効果を発揮。また、一度入れたハイライトの根元だけを染め直せる技術があるのは kakimoto arms だけ。白髪が気になる世代には、白髪染めで隠すのではなく、ハイライトでぼかす手法を取り入れ「白髪が伸びてきても気にならない」「明るい色が楽しめてうれしい」と好評だ。

Hair color

DATA

東京都港区六本木 6-10-3
六本木ヒルズ
ウェストウォーク 2F
年中無休
11:00 〜 21:00

▷ポイントハイライト　¥6,200
ワンメイクカラー
（ミディアム〜ロング）　¥10,200
リタッチカラーリング　¥6,200　フルヘッドバレイヤージュ　¥32,200
※シャンプー、ブロー、カットの料金は含まれません。
●予約優先　●カード支払い可

salon dakota

サロン　ダコダ

担当／
小谷英智香さん

ハイセンスなカラーが叶うと大人女性からも支持を得ている salon dakota。女性の魅力を引き出すために、『色香』『品格』『脱力感』をキーワードに掲げ、スタイルに落としこんでいく。リラクシーでありながらモードな雰囲気を取り入れたハイセンスなカラーリングで、憧れの外国人カラーがリアルに叶うと有名だ。オーナーの小谷英智香氏は、日本で爆発的に売れているカラー剤の開発者として知名度が高い。突き抜けたカラー知識に加え、技術に関しても一切の妥協を許さず日々進化し続けている。salon dakota にはオリジナルの「糸チップ」という技術がある。スライス幅を2mmという極薄で取ったハイライトで、明度差を極端につけないためコントラストがつきすぎず見た目はナチュラル。通常のブリーチハイライトとは異なり、極薄のハイライトが髪全体にやわらかさをもたらし、品のいいスタイルに決まるのだ。また、スライス幅を細くすることで施術や放置時間が短くなり、ダメージも最小限で抑えることができるのも魅力。いつもとは違うカラーデザインを楽しみたい大人女性には最適なサロンではないだろうか。

DATA·····························

📍 東京都渋谷区渋谷 1-15-8
　　宮益 O.N ビル 1・2F
🗓 火曜
🕐 10:30 ～ 14:00/15:15 ～ 20:30
　　土・日・祝日 10:00 ～ 19:00

▶ カラー　¥7,800 ～
● 完全予約制
● カード支払い可

SHACHU 渋谷本店

シャチュー シブヤ ホンテン

©SHINBIYO

©Takako Noel

©re-quest/QJ

📞 **03-6712-6993**
🌐 https://shachuhair.com/

日本から世界へ MADE in Japan カラーを発信する、今最も熱いサロンが SHACHU だ。魅力は何といっても目を引くビビッドなカラーとバリエーション豊富なデザインだろう。淡色を何種類も使った幻想的なユニコーンカラー、デニムのような深い青を使ったハイライトデザインなど今までにないファッショナブルなカラーデザインを続々と生み出している。色彩感覚にあふれたデザインは美容師だけでなくファッション業界からも注目を集め、カラーレシピを惜しげもなく詰め込んだ書籍も話題となった。どこにもない唯一無二のカラーデザインを求め、北は北海道、南は沖縄、さらには世界各国からお客さまが通ってくるという。SNS で映えるスタイルは若者の心をつかんで離さない。個性的なデザインに注目が集まりがちだが、その根底にあるのは豊富なカラー知識と経験値。カラー剤に使われている色素について、なぜその色が入っているのか、どう使えばベストな発色になるのかを考え抜いてお客さまにぴったりの楽剤をセレクト。ハイレベルの知識と技術があるからこそ、ヘアカラー激戦地・渋谷でトップを走り続けているのだろう。

DATA ·······························
⌂ 東京都渋谷区渋谷 1-22-6
🗓 火曜
🕐 11:00 ～ 21:00
　土・日・祝日 10:00 ～ 20:00

▶ カラー　¥7,000 ～
　ブリーチ　¥8,000 ～
● 完全予約制
● カード支払い可

SHIMA AOYAMA

シマ アオヤマ

☎ **03-3401-4118**
🌐 http://www.shima-hair.com/

美容学生が行きたい美容室 No.1 に長年君臨するサロンが SHIMA だ。トレンド発信地で常に圧倒的な存在感を放ち、日本国内だけでなく海外セレブのファンも多い。スタッフは男女問わず皆おしゃれで、ファッション誌の SNAP にもたびたび登場し、ヘアスタイルだけでなくファッションのお手本にもなっている。トレンドに敏感な美容師から生み出されるデザイン性の高いグラデーションや W カラー、ハイライト、ハイトーンは他とかぶらない SHIMA ならではのハイクオリティ。ベテランスタッフの豊富な知識により、髪の状態や肌の色、ファッション、ライフスタイルを考慮してその人の魅力を引き出す色を調合。トレンドもしっかりと押さえた洗練されたデザインカラーで新しい自分に出会えるはず。ホワイトやシルバー、ブロンド、ピンクなどのハイトーンカラーだけでなく、青山店では大人女性に似合う透き通るようなやわらかい外国人風カラーを得意としている。1971 年のオープン以来、常にトレンドを生み出し第一線を走り続けてきた SHIMA。2020 年もあっと驚く新しいカラーデザインが生み出されることに期待したい。

DATA·····················

◎ 東京都港区北青山 3-5-25
　表参道ビル
◎ 火曜
◎ 11:00 ～ 20:00
　土・日・祝日 10:00 ～ 19:00

▶ カラー　￥7,400 ～
　ケアカラー　￥8,400 ～
　ハイライト　￥8,400 ～
　ブリーチ　￥9,900 ～　ケアブリーチ　￥13,000 ～
● 完全予約制　● カード支払い可

stair:case

担当／
赤津まゆ美さん

サロン名の「stair:case」には、階段を一歩また一歩と踏みしめながら、どこまでも登り続けられるサロンを目指したいという思いが込められている。お客さまを必ずきれいにするという妥協のない信念を持ったプロフェッショナル集団で、日本を代表するカラーリスト中村太輔氏がカラー教育の指揮をとり、ハイクオリティなカラーデザインを提供。銀座という土地柄、上質を知り尽くしたマダムたちの白髪悩みを解決するために独自に考案した「テクニカルグレイヘア」が好評だ。ハイライトやローライトを駆使し、上品かつ華やかな雰囲気を演出できるだけでなく、新たに生えてきた白髪もカムフラージュできる。また来店ごとに色をつぎ足し、月日を重ねるごとに奥行きを出す多色染めは今回ビジュアルを担当したチーフカラーリスト赤津まゆ美氏の真骨頂。ハイコントラストを巧みに操る彼女のバレイヤージュによってつくられるファッショナブルなカラーデザインは、品よく仕上がると国内外からオーダーが絶えない。頭皮や髪のコンディションを見極めながら理想の髪色を叶えてくれる、プロの技を体感してほしい。

DATA ·······················

🪑 **東京都中央区銀座 5-5-14**
　JPR 銀座並木通りビル 10F
📅 第 3 火曜
🕙 10:00 〜 22:00
　土・祝日 10:00 〜 21:00
　日 10:00 〜 19:00

▶ フルカラー　¥11,550
　オーガニックカラー　¥11,550
　ブリーチ　¥14,850 〜
　※税込み。
●完全予約制　●カード支払い可　●個室あり

suburbia

担当／黒柳剛さん

担当／
山野辺麻美さん

☎ 03-6804-4720
🌐 http://suburbia-hair.com/

外国人風カラーの元祖といえるのがsuburbiaだ。日本人にとって欧米人の肌の白さや透明感のある髪は永遠の憧れ。オーナーの石川ヒデノリ氏は単なる憧れで終わらせず、どうすれば外国人のようなスタイルになるのかを研究し、洗いざらしで決まるカット技術、色素薄めのカラーを生み出してきた。2年かけて開発したカラー剤は、色素薄めのうぶ毛のようなやわらかい髪がバッチリ決まる。しかも、肌を白く見せてくれるのだ。サロン独自の処方「メラニンブレイクカラー®」で日本人特有の赤みを消し去るので、ほかではマネできない透明感が手に入ると話題。なかでも「ホワイトグレージュ®」の人気が高く、外国人風カラーの代名詞ともいえるだろう。色素薄めの髪を求めて全国からお客さまが殺到し、予約がとりにくい状態だという。人気のワケはリアルな外国人カラーだけではなく、ダメージケアも徹底しているところにある。ブリーチによるダメージを極限まで抑えるため、髪にバリアを張る新システムのトリートメントを混ぜて使用。ブリーチ後でもなめらかな仕上がりになると評判だ。外国にこだわったインテリアにも心トキメクはず。

DATA ······························

🏠 東京都渋谷区神宮前 3-41-5
📅 火曜
🕐 11:00 〜 21:00
　土・祝日 10:00 〜 20:00
　日 10:00 〜 19:00

▶ カラー ¥7,000 〜
　ブリーチカラー　¥10,500 〜
　ハイライトカラー　¥17,000 〜
⬤ 完全予約制　⬤ カード支払い可

ヘアカラー / Hair color

U-REALM omotesando

ユーリアルム オモテサンドウ

担当／森上峰行さん

担当／安達優生さん

担当／小山圭介さん

📞 **03-5778-0529**
🌐 https://www.u-realm.com/

アイドルやモデル、アーティスト、スポーツ選手など各界の有名人がこぞって通う表参道の人気サロン。パーソナルカラーを得意とし幅広い年齢層、顧客イメージに合った薬剤選定で信頼を得ている。日本一のカラーメーカーと共同開発をした「アプリエカラー」は、圧倒的な透明感で全国にファンを増やしている。ブリーチをしなくても明るく染めることができ、にごりのない透明感も手に入ると人気のカラーだ。ハイトーンカラーだけでなく、暗く染めても重くならず透明感はキープ。色持ちも格段にいいと評判だ。室内では落ち着いた髪色、光に当たると透明感を発揮するので、働く大人女性におすすめ。しかも仕上がりはなめらかな手触りで、女性らしい髪の動きもやわらかく引き立ててくれる。髪のコンディションを第一に考えるサロンだからこそのダメージを抑えたカラーで、なりたいデザインを叶えてくれるのだ。系列の銀座店にはカラーのスペシャリストが在籍。毛髪科学において最も髪を傷めない施術ができるノンダメージサロン® に認定されていて、頭皮や髪への負担を最小限に抑えたノンダメージカラーが体験できる。

DATA··················

◎ 東京都渋谷区神宮前 5-6-13
　ヴァイス表参道 2F
● 不定休
🕐 12:00 ～ 21:00
　土・日・祝日 10:00 ～ 20:00

▶ カラー　￥6,500 ～
　アプリエカラー、
　イルミナカラー　￥8,500 ～
　ホリスティックカラー　￥9,500 ～　ホリスティックイルミナカラー　￥11,500 ～
● 完全予約制　● カード支払い可　● 個室あり

ABBEY

ナノスチームをあてながらのヘッドマッサージ。心地いい圧で思わずウトウトしてしまう。

03-5774-5774
https://www.abbey2007.com/

圧倒的な技術力とヘアケアの知識を誇る青山の人気サロン。扱いやすく、サラサラ＆ツルツルな髪になれると女優やモデルのファンも多い。クセがあってまとまらない、カラーの繰り返しで髪がパサつく、髪がやせてボリュームが出なくなった、乾燥による切れ毛が増えたなどさまざまな髪の悩みを解消する集中ケアトリートメントを豊富に取りそろえている。ひとりひとりの髪質を診断して補修するのはもちろん、スパとの組み合わせで頭皮と髪、リラクゼーションとダメージケアを同時に行い、徹底的にコンディションを整えていく。気になるクセやボリューム、うねりを改善しまとまりやすいヘアにすることで、カットでのヘアデザインも決まり理想のスタイルが叶うのだ。「自然なハリが出て髪が若々しくなった」「ツヤツヤの手触りが長続きする」となかでも TOKIO のトリートメントはリピート率が高いという。男性客からはセット面で気軽に受けられるヘッドスパが人気だ。疲れた頭皮をほぐしながら汚れをオフし、さらに栄養を補給。リラクゼーション効果だけでなく、頭皮の血行がよくなることで健康的な髪へと導いてくれる。

DATA ·······················

📍 東京都港区南青山 5-7-23
　始弘ビル 2F
🕐 月曜、第 2・3 火曜
🕚 11:00 〜 21:00
　土・日・祝日 10:00 〜 19:30

▶ トキオトリートメント　¥6,050
　ハイパートキオ　¥8,800
　ケラチントリートメント　¥11,000
　ヘッドスパ　¥3,850　※税込み。
● 完全予約制　● カード支払い可　● 個室あり

Treatment&Spa

AFLOAT JAPAN

アフロート ジャパン

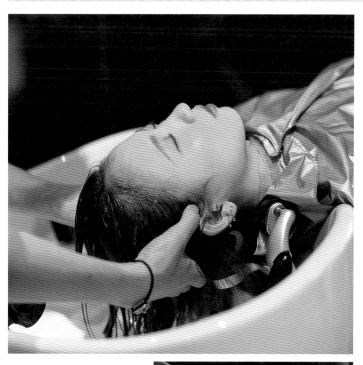

ラグジュアリーな空間
と快適な夢シャンで受
けるヘッドスパは至福
のひととき。

📞 **03-5524-0701**
🌐 https://www.afloat.co.jp/salon/japan/

お客さまのニーズに合わせて最先端の高品質な薬剤やトリートメント剤を使用。世代を問わずエレガントに輝き続けるために、トリートメント＆ヘッドスパメニューが充実しているサロンだ。ダメージしている髪には、毛髪の最深部から栄養分を補給して修復を試み、美しさと再現性を備えた上質な髪に導く。ヘッドスパに関しても、全台フルフラット式の夢シャンプーを設置しており、細かいカウンセリング、悩みに合わせた種類豊富な薬剤、そして専属のスパニストが対応するというこだわりぶり。頭皮の悩み、カラーやパーマ後の髪・頭皮環境に合わせて、豊富な薬剤から何十通りの方法でお客さまに最適な方法をセレクトしている。パーソナルケアができる「オージュア」も取り扱っていて、ブランド認定のオージュアソムリエも多数在籍。話題の「TOKIO トリートメント」やエイジングケアに特化した「イーラル プルミエ」も人気のメニュー。また、サロンクオリティのヘアケアが自宅でもできるようアフロートオリジナルのシャンプー、トリートメントも販売。ハイクオリティな美髪を目指したい人におすすめのサロンだ。

DATA ·····················

◎ 東京都中央区銀座 2-5-14
　銀座マロニエビル 10F
🗓 月曜
🕐 11:00 ～ 21:30
　火 11:00 ～ 19:30
　土 10:00 ～ 19:30
　日 10:00 ～ 18:00
　祝日 10:00 ～ 18:30

▶ システムトリートメント
　¥6,000 ～
　ヘッドクレンジング　¥2,000 ～　ヘッドスパ　¥10,000 ～
● 完全予約制　● カード支払い可　● 個室あり

Treatment&Spa

AMATA

ハイダメージの髪でも「ヴァーテクス」トリートメントでしなやかなツヤ髪に仕上がる。

オーナー・美香氏の艶やかな黒髪を見れば、AMATA のトリートメント効果は一目瞭然。美容家やセレブたちから絶大な支持を得ているのも納得だ。美香氏をはじめスタッフは毛髪診断士の資格を持ったプロフェッショナル。トリートメントは『グレード 1 〜 5』までクラスがあり、豊富なメニューでお客さまの毛髪改善のために全力を注いでケアにあたっている。なかでもおすすめは「ヴァーテェクス トリートメント」。TOKIO トリートメントのハイパー版で、1 回の施術で髪の弾力がよみがえり、シルクのようなツヤ髪になると評判だ。ヘッドスパはおもに 6 つのメニューがあり、頭皮に対してアプローチの強いプロダクツを吟味しセレクト。独自のメソッドにより、頭皮を健やかで清潔な状態に導きさまざまなトラブルの改善を行っている。ヘッドスパでは、デンキバリブラシを使用し頭皮を刺激する「スティミュラス」が人気だ。脳疲労に働きかけ、全身の疲れも緩和してくれる。その他にも、医療機関とタッグを組んで育毛だけでなく抜け毛予防や頭皮トラブルなどの相談にも対応するなど、徹底して頭皮・毛髪に対するケアを行っている。

DATA ························

◎ 東京都港区南青山 6-4-14
　INOX AOYAMA 5F
　火・水曜
　11:00 〜 21:00
　日・祝日 10:00 〜 19:00

▶ アルティメイト　￥8,500
　ヴァーテェクス　￥12,500
　スティミュラスコース　￥10,500
　※シャンプー&ブロー込み

● 完全予約制　● 当日受付可　● カード支払い可　● 個室あり

apish ginZa

アピッシュ ギンザ

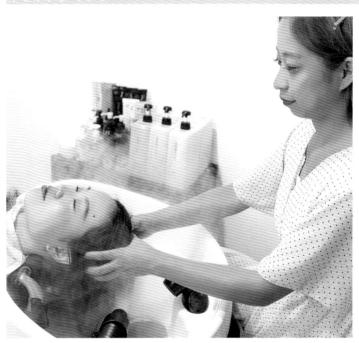

ハンドと肩のマッサージもついた「リラクゼーション」コース。気軽にヘッドスパを体験。

📞 **03-5537-6177**
🌐 https://www.apish.co.jp/ginza/

豊富な知識と経験を持つスタッフによるカウンセリングでお客さまそれぞれの髪質、悩みに合わせたメニューを提案。カット・カラー・パーマなどのメニューに組み合わせながら、その時にベストなケアをコーディネートしてくれる。トリートメントは7種類あり、アイロンを通して仕上げる「復元トリートメント」が人気。ヘッドスパも期間限定を含めると7種類用意。短い時間でもリラックス効果が得られる「プチスパ」や頭皮ケアができる「クイッククレンジング」は忙しい人にもうれしいコースだ。2月上旬にはホットシャンプーで頭皮を温める「バレンタインスパ」も期間限定で登場。元気な髪を育てたいというお客さまのために「ドクタースカルプ」コースも用意している。また美しいツヤ髪のためには、ダメージを補修するサロンケアだけでなく、毎日の習慣でいかにダメージを与えないことが重要だということを理解してもらうためにシャンプーの方法、タオルドライの仕方までていねいにアドバイスしてくれる。代表の坂巻氏が目指す、ヘア悩みに寄り添うヘアドクターとしての役割を存分に果たしてくれるサロンなのだ。

DATA·······················

◎ 東京都中央区銀座 5-3-13
GINZA SS 85 ビル 3F
🚪 月曜
🕐 火 12:00 〜 20:00
水・金 12:00 〜 22:00
木・土 11:00 〜 20:00
日・祝日 10:00 〜 19:00

▶ クイックトリートメント　¥2,200
復元トリートメント　¥5,500
プチスパ　¥3,000　リラクゼーションコース　¥5,500

● 完全予約制　● カード支払い可　● 個室あり

dakota racy

ダコタレイシー

ケラチンや補修効果の高い成分を髪に重ねていく。超音波で成分を密着させるのがポイント。

📞 **03-6434-5125**
🌐 http://www.salon-dakota.com/

カラーで有名な salon dakota の 2 号店は、大人の女性を意識した居心地のいい落ち着いた空間だ。代表・小谷英智香氏の趣味が反映された和のテイストを取り入れたおしゃれなインテリアも魅力。色香がただようカラーが映える美髪ケアにも力を入れている。20 年以上の美容人生の中で自分の期待をいい意味で裏切られたほどの出会いだったと小谷氏が語るのは「TOKIO トリートメント」。手触り、素髪感、耐久性の長さどれをとってもトップクラスだという。限られたサロンでしか扱えない「ハイパー TOKIO」も導入。キューティクルの補強効果がアップし、今まで味わったことのないハリ・コシと極上のツヤを実感できるという。ドライヤーやアイロンなどの熱からも髪を守り、カラーの色持ちもよくなる効果もあるという。洗練されたデザインカラーもより長く楽しめるというわけだ。TOKIO のトリートメントにほれ込んだ小谷氏は CM にも出演している。全スタッフがトリートメントの重要性を理解していて、お客さまに的確にカウンセリングを行い満足度の高い技術を提供。外国人風カラーとツヤ髪を手に入れたいなら dakota におまかせ。

DATA ·····

📍 東京都港区北青山 3-5-9
　マネージュ表参道 3F
🈳 無休
🕐 10:30 〜 14:00
　/15:00 〜 20:30
　火・土・日・祝日
　10:00 〜 19:00

▶ TOKIO トリートメント
　¥7,300 〜
　ハイパー TOKIO　¥10,000 〜
● 要予約　● カード支払い可

トリートメント＆スパ / Treatment&Spa

DRESS NYC 81

ドレス ニューヨーク ハチイチ

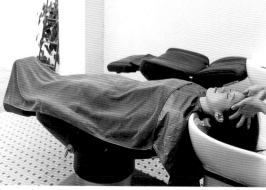

フルフラットになるシャンプー台でリラックス。ケラチントリートメントで髪質を改善。

ニューヨークのノリータ地区にある人気サロン「DRESS HAIR SALON」の東京1号店が奥銀座と呼ばれるエリアにある。有名インテリアスタイリストが手がけた洗練された店内は、まるでニューヨークのよう。ニューヨークのトレンドを取り入れたヘアデザインはもちろんのこと、頭皮や髪に対する的確なアドバイスもファンを増やしている要因だ。ケミカルメニューからオーガニックメニューまで幅広い客層に合わせた本質的なケアを提供。知識・技術の豊富なスタッフが心身共にリフレッシュさせてくれる。スパに関してはアーユルベーダを元にオーガニックアイテムを使ったメニューも人気だ。ケアに関しては内部補修を徹底的に行っていくTOKIOトリートメントや、髪質改善のできるケラチントリートメントも人気が高い。トリートメントの評判を聞きつけた外国人観光客も多く訪れるという。外国語に長けたスタッフがいるのも強みだ。DRESS NYC 81から歩いて1分のところに系列店のD/APARTMENTがあり、トリートメントやヘッドスパをメインに受けられる。サロンオリジナルの環境にやさしいヘアケア剤も販売。

DATA·····················

◎ 東京都中央区銀座 1-22-11
銀座大竹ビジデンス 1F
📅 月、第2・4火曜
🕐 10:00 ～ 20:00
木・金 11:00 ～ 21:00
日・祝日 10:00 ～ 19:00

▶ TOKIO ダメージケア ¥5,000
サイエンスアクアトリートメント
¥8,000 ～
ケラチントリートメント ¥10,000 ～ 　デトックス・バイタルヘッドスパ ¥5,000
● 要予約 　● カード支払い可

gift sunnyside

ギフト　サニーサイド

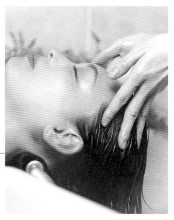

頭部の筋肉の緊張をやわらげる手技で巡りをよくし、たまった疲れやストレスを解放。

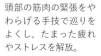

☎ 03-6418-8211
🌐 http://www.gift-tokyo.com

賑わいをみせる原宿。一歩路地に入ると大人女性の心と体を癒やしてくれるアットホームなサロンがある。乾燥した髪、紫外線ダメージを受けた髪、パサパサしてまとまらない髪でもできる限り健康毛に近づけることはできないかと試行錯誤を重ね、オリジナルレシピ「プレミアム超音波トリートメント」を開発。髪の芯から補修し、保水、保湿、毛先の指通り、さらにはクセやパサつきまで改善する最高レベルのトリートメントメニューとして展開している。いちばんのこだわりは持続性。毎秒100万回の振動を与える超音波アイロンを通すことで効果と持ちがアップするのだ。ひとりひとりの髪質に合わせたオートクチュール髪質改善メニュー「RARAトリートメント」も人気が高い。他にはない光沢感のある仕上がりに誰もが驚くという。ヘッドスパのメニューが豊富なのもこのサロンのウリだ。パーソナルカウンセリングで頭皮の状態を確認し、8タイプのエッセンシャルオイルから一つ選び、お客さまの悩みに合わせたケアを構成していくオーダーメイドケア。経験豊富なスパリストの手技で頭皮をほぐすことにより不調を改善していく。

DATA·····················
◎東京都渋谷区神宮前 6-8-6
　OSD ビル 2F
◎火曜、第 1・3 月曜
◎11:30 ～ 21:00
　土・日・祝日 10:30 ～ 19:00

▶アロマヘッドスパ（約 70 分）
　¥9,000
　RARA トリートメント　¥12,500 ～
　※ブロー込み
●当日受付可　●カード支払い可

トリートメント＆スパ / Treatment&Spa

LANVERY

ランベリー

ダメージ改善におすすめのキャロットのクリームを使用。仕上がりは髪がさらさらに。

細かいミスト状のトリートメント剤を塗布。なめらかな質感は1カ月持続する。

☎ 03-6805-1656
🌐 http://lanvery.jp/

"美しく年を重ねることを科学する"をコンセプトに掲げている LANVERY。表参道の街を見渡せる開放的な店内には4席だけという贅沢さ。まさに大人のためのプライベート空間。素敵に年を重ねていくうえで健やかな髪の存在は不可欠だ。年齢とともに変わる髪質に合わせたスタイル提案に加え、美髪のスペシャリストであるヘアケアマイスターとスパニストが季節や年齢などに合わせた髪質改善、ヘッドスパ、トリートメントなどからベストなメニューを提案してくれる。髪を美しく保つために頭皮ケアに力を入れている。抗酸化作用の高い植物エキスクリームを使用した「ハーバルスパ」、温かいクリームを用いて頭皮をマッサージする「クリームバス」などヘッドスパメニューが充実。トリートメントは髪内部からしっかりと補修を行う「髪質改善 TOKIO トリートメント」や、科学と水のアミノ酸だけで美髪に導く「髪質改善サイエンスアクアモイスチャーチャージ」など、新技術を導入。思わず触りたくなるシルキータッチの美髪になれるとリピーターも多い。髪質を根本から改善したい人におすすめのサロンだ。

DATA

🏠 東京都渋谷区神宮前 5-2-5
　　MAX & Co.Building 6F
🗓 水・日曜、不定休
🕐 11:00 ～ 19:30
　　土・日・祝日 11:00 ～ 18:30

▶集中ケアトリートメント
　¥4,000
　髪質改善 TOKIO トリートメント
　¥6,000 ～
　髪質改善サイエンスアクアモイスチャーチャージ ¥10,000 ～
　ハーバルスパ 30min　¥5,000　クリームバス 40min　¥7,500 ～
　※ヘッドスパは全てセルフブローとなります。
●完全予約制　●カード支払い可　●半個室あり

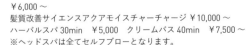

LONESS OMOTESANDO

ローネス オモテサンドウ

「ハイパーTOKIOトリートメント」。スチームをあてて補修成分を浸透させる。

店名の「LONESS」は「LOVE & Kindness」を組み合わせた造語。愛と優しさを持ってお客さまの"なりたい自分"を叶えてくれる場所だ。表参道店は西海岸の家をテーマにしたおしゃれなインテリアで、非日常が味わえる。"なりたいスタイル"を叶えるために、カット技術だけでなく髪や頭皮のケアにもこだわりがあり、シャンプー、ヘッドスパの教育に力を入れている。シャンプーを主に担当するアシスタントのレベルも高い。お客さまの髪質に合わせたトリートメントを提供できるよう、メニューも豊富にそろえている。oggi otto と公式提携して開発した「oggi ハイエッセンスケア」は LONESS でしかできない世界初のケアメニュー。専門のケアリストによる 1 日 3 名限定という貴重なケアを一度体験してほしい。また、都内でも限られた店でしか体験できない「ハイパー TOKIO トリートメント」も導入。髪の内部を補強することでしなやかで強さのある髪になると評判だ。店名の通り髪への愛情と丁寧な施術で、美髪に導いてくれる。髪のメンテナンスだけでなく、心地いいサービスと空間で心も癒やされること間違いなしだ。

DATA ⋯⋯⋯⋯⋯⋯⋯⋯⋯⋯⋯

🏠 東京都港区南青山 3-15-6
ripple square D2F

🗓 火曜、第 2 月曜

🕐 11:00 〜 21:00
木 11:00 〜 20:00
土 10:30 〜 20:00
日・祝日 10:30 〜 19:00

▶ ライトケアコース ￥3,500
トキオトリートメントコース ￥5,000
oggiotto トリートメントコース ￥5,000
oggi ハイエッセンスケア ￥20,000 ヘッドスパライトコース ￥4,500

● 完全予約制 ● カード支払い可 ● 個室あり

トリートメント＆スパ / Treatment&Spa

Luxe

ラグゼ

クセ毛で扱いにくい、
ごわつく人にもおすす
めの「ストラクチャーコ
ントロール」。

サロンオープン当初から「ヘアドクターであり、ヘアクリエーターであり、ライフスタイリストである」というコンセプトを掲げ、お客さまがなりたいヘアデザインを叶えてきた。なかでも毎日のスタイリングがラクになる、いつでもサロン帰りのようなスタイルが楽しめるヘアの土台づくりに力を入れている。そのために欠かせないのが、美髪に導くトリートメント。スタッフ全員が豊富な薬剤知識をもち、毛髪診断、ケミカルプロセスをしっかりと組んだ中で施術を行っているので安心してまかせることができる。ハイクオリティのメニューが充実していて、諦めかけていた髪悩みも改善。髪の芯からベースをつくり直し、髪を補修して強度を回復させる画期的なトリートメント「ストラクチャーコントロール」は、やみつきになるツルツルの手触りでリピーターが多い。髪がきれいになって気分が上がると大評判だ。「高濃度水素ミネコラトリートメント」も導入。髪のボリューム不足に悩む大人女性には「ボリュームアップスパ」がおすすめ。頭皮と髪のダブルケアで、ふんわりと根元から立ち上がる若々しい髪に！

DATA ·····················

🏠 東京都港区南青山 4-21-23
　宮田ビル B1
📅 月曜、第 1・3 火曜
🕐 11:00 〜 21:00
　木 11:00 〜 20:00
　土 10:00 〜 20:00
　日・祝日 10:00 〜 18:00

▶ ストラクチャーコントロール
　（ショート）　￥13,000 〜
　高濃度水素ミネコラトリートメント（3 回コース）　￥27,000
　プレミアム＋αトリートメント（ショート）　￥7,000 〜
　ボリュームアップスパ　￥5,000
● 完全予約制　● カード支払い可

MINX 銀座店

ミンクス ギンザテン

1秒間に数十万回の振動で、ハンドプレスよりも1,000倍の浸透力がある超音波アイロン。

「より良いヘアスタイルをつくる上で、髪のコンディションは基礎となる」という考えのもと、ケア技術を極めることに余念がない。業界屈指のケアチームが、さまざまなトリートメントを実際に使用して効果を検証。本物志向のお客さまを満足させられると判断されたものだけを採用し、全店での勉強会を経てから正式に導入するという。同じメニューでもより満足度を高めるために日々研究をし、アップデートを重ねているのだそう。サロントリートメントをしても効果が続かない、納得のいく仕上がりにならないという人に一度試してほしいのが「MINX スペシャルトリートメント」。特許成分を含む12種類の補修成分を塗布し、超音波アイロンでプレスして浸透させる最先端トリートメントだ。ストレートパーマをかけたようなさらつや髪が叶う。健やかな髪を育むためのヘッドスパにもこだわりを持ち、頭のコリや緊張を独自のメソッドでていねいにほぐしてくれる。リラクセーションだけでなく、抜け毛や細毛の予防につながるのでぜひ体験してほしいメニューだ。進化しつづける MINX の最新トリートメント＆ヘッドスパで自慢できる美髪を育んで。

DATA

📍 東京都中央区銀座 2-5-4
　ファサード銀座 2F・7F
📅 火曜
🕚 11:00 ～ 21:00
　土 10:00 ～ 20:00
　日・祝日　10:00 ～ 19:00

▶ MINX スペシャルトリートメント
　（ホームケア付き）　¥12,000
　オージュアトリートメント　¥4,500～　ヘッドスパ　¥6,000
　※単品オーダーの場合、シャンプー・ブロー別途¥2,000
● 完全予約制　● カード支払い可　● 個室あり

NORA HAIR SALON

ノラ ヘアー サロン

しっとりなのに軽い質感に仕上がる「TOKIOトリートメント」はサロンの人気メニュー。

☏ 03-6419-9933
🌐 http://nora-style.com/

心地いい素敵なヘアデザインは健康な髪があってこそ完成されるもの。そこで、NORAではカラーやパーマによるダメージを最小限に抑えるだけでなく、お客さまひとりひとりの髪の状態に合わせたトリートメントメニューを提案している。どこか抜けのあるスタイルがブームの今、しっとりとしたトリートメントよりも軽い仕上がりが好まれる。そんなニーズにぴったりなのが「TOKIOトリートメント」だ。クセで広がりやすい人には「トリートメントショット」で、フォルムをコントロールすることをおすすめしたい。忙しくて時間がないという人は10分で髪が変わるという「クイック・トリートメント」もあるので、諦めないでほしい。もちろん頭皮レベルから健やかな髪を育むケアも充実。ヘッドスパやスキャルプトリートメントで毛穴の汚れや頭皮に残った古い角質をしっかりと取り除いてくれる。ヘッドスパを行う特注のシャンプー台は寝心地がよく、気持ちのいいマッサージとの相乗効果でついつい夢の中へと誘われてしまう。月に1回、保育士による託児サービスを実施。子育て世代にも優しいサロンなのだ。

DATA··························

⬚ 東京都港区南青山 5-3-10
　 FROM-1st B1
⬚ 不定休
⬚ 12:00 ～ 22:00
　 土 11:00 ～ 20:00
　 日・祝日 11:00 ～ 19:00

▶ ヘアトリートメント ¥5,000 ～
　 クイック・ヘアトリートメント
　 ¥3,000 ～
　 炭酸泉　¥500　リラクシングヘッドスパ（40分）　¥4,500
⬤ 完全予約制　⬤ カード支払い可

トリートメント＆スパ / Treatment&Spa

Salon 銀座

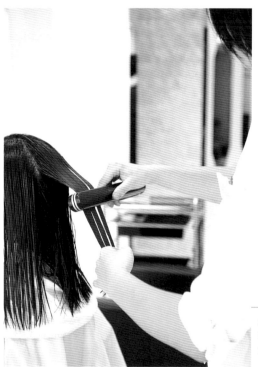

厳しいテストに合格し
たスタッフが施術を担
当。使う商材だけでな
く技術も一流なのだ。

銀座の中心地に店を構える洗練された女性のためのサロン。髪は顔の一部であり、ライフスタイルを豊かにする女性にとって大切なパーツ。紫外線やアイロンなどの熱によるダメージを受けてコンディションが低下した髪の品質向上を目指し、お客さまひとりひとりに合ったトリートメントを提案。ヘアデザインを豊かにするカラーやパーマもダメージの少ない薬剤を選び、事前処理でトリートメントを施すなど髪のケアに余念がない。その場しのぎの応急処置ではなく、髪の芯から補修、改善をするトリートメントを採用。クセ毛やエイジング毛などどんな髪悩みも解消でき、補修力と持続力の高い「髪質改善 Salon トリートメント」がイチオシ。髪が若返ったみたいに弾むようなハリとしなやかな手触り、ツヤが手に入ると話題だ。アンチエイジングを目的としたヘッドスパのメニューも大人女性には人気。施術後は頭が軽くなり肌のトーンもアップ。サロンでのケアだけでなく、ホームケアのアドバイスも的確だ。初めての来店でメニューや担当者、スタイルに迷ったときはコンシェルジュが対応してくれるので安心。

DATA

⊙ 東京都中央区銀座 5-9-1
　銀座幸ビル 9F
□ 火曜
🕐 11:00 〜 21:00
　土 10:00 〜 20:00
　日・祝日 10:00 〜 19:00

▶ エイジングケア　¥3,000
　髪質改善 Salon トリートメント　¥6,000 〜
　OWAY ヘッドスパ（40 分）¥5,000
　マイクロナノバブル　¥1,500
● 完全予約制　● カード支払い可

SHACHU 渋谷本店

お客さまからのリクエストも増えている内部補修のトリートメント。ブリーチ毛もつややか。

📞 **03-6712-6993**
🌐 https://shachuhair.com/

世界が注目する日本のトレンド発信地・渋谷において、ハイセンスなデザインカラーで急成長を遂げたサロンがある。それがSHACHUだ。ハイトーンのデザインカラーとダメージは常に背中合わせだと考え、デザインをよりよく見せるため、また色持ちをよくするためにトリートメントは必要不可欠だと代表のみやち氏は語る。120%よいデザインを提供したい、カラーデザインを長く楽しんでもらいたいという思いから、カラーとトリートメントをセットにしたメニューをおすすめしているそう。ブリーチに加え、アイロンで髪を巻いているお客さまも多く、普通のトリートメントでは手に負えないハイダメージの人がほとんど。髪の内部から補修してくれる「TOKIOトリートメント」は、ハイトーンカラー愛用者の救世主になるというみやち氏。最先端のおしゃれを追求するだけではなく、ヘアケアにもしっかりと向き合い責任を持って対応してくれるサロンだからこそ、信頼度も高くモデルや美容業界のファンも多いのだろう。"ヘアスタイルを通して幸福を提供する"というサロンのモットーも、ヘアケアへの取り組みひとつとっても納得できる。

DATA ·····················
- ⊙ 東京都渋谷区渋谷 1-22-6
- 🗓 火曜
- 🕐 11:00 〜 21:00
  　土・日・祝日 10:00 〜 20:00

- ▶ スペシャルトリートメント
  　¥5,000 〜
- ● 完全予約制
- ● カード支払い可

トリートメント＆スパ / Treatment&Spa

SUNVALLEY

サンバレー

髪の主成分であるケラチンタンパク質を補い、超音波アイロンで内部まで浸透させる。

数々のトレンドヘアを生み出してきた朝日光輝氏と渋谷謙太郎氏が代表を務める実力派サロン。地下にあるとは思えないほど開放感があり明るい店内は、シンプルで落ち着ける空間だ。ギャラリーのようにアートが飾られているのも、上質な大人が集まるサロンらしい。その人の美しさを引き出すためのサポートとして、トリートメントは重要な役割を担う。髪の状態や悩み、なりたい髪から導き出す "オーダーメイドのトリートメント" で、朝のスタイリングが楽しくなったという人も多い。ハイダメージや加齢によるうねりや広がりが気になる人には、髪内部に脂質を入れてハリ・コシを与える「美髪アクアトリートメント」がおすすめ。サラッとした質感が好みなら「TOKIO ハイパーインカラミ超音波」で髪の内部補修を。シャンプー台で行うクイックタイプのトリートメントもあり、なめらかな指通りに。撮影で酷使したタレントやモデルの髪もつやつやによみがえる、トリートメントの実力は一度体感する価値あり。極上のツヤ髪で自分に自信が持てるようになるはずだ。

DATA

📍東京都港区南青山 5-2-12
G ビル B1
🗓 火曜、第 2・4 月曜
🕐11:00 〜 21:00
木・土 10:00 〜 20:00
日・祝日 10:00 〜 19:00

▶ TOKIO ハイパーインカラミ
超音波（MS）　¥9,000 〜
セレクタープロファイブ（レギュラー）¥5,000 〜
美髪アクアトリートメント　¥10,000 〜　ヘッドスパ（30 分）　¥5,000

●完全予約制　●カード支払い可　●個室あり

Treatment&Spa

235

uka 丸の内 KITTE 店

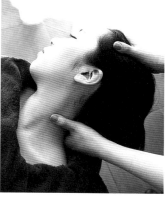

髪の状態や気分に合わせてukaオリジナルのオイルからセレクト。熟練の手技にうっとり。

📞 **03-3217-2011**
🌐 https://www.uka.co.jp/

カットやヘアケア、ネイル、まつエクなどトータルビューティが叶う働く女性にうれしいサロン uka。サロン内は落ち着いた色を基調とし、施術によってブースが異なりどこもひとつひとつの席の間隔がゆったりとしていて、心身ともにリラックスできる空間だ。ヘアスタイリストとヘッドスパスペシャリストと分業となっており、より専門性の高いスタッフが施術を行ってくれる。施術をするひとつひとつの仕草がとてもていねいでシャワーの出し方、流し方、髪への触れ方など全てが洗練されている。ヘアフロアで行うトリートメントは髪悩みや仕上がりに合わせて種類豊富にラインナップ。カラーと同時に行える「シルキーグロスケア」の人気が高い。時間帯や体調、気分に合わせて 3 種のオイルからセレクトし、オイルに合わせた手技で心身のコンディションを整える「uka HBD Head Spa」がヘッドスパメニューに新しく仲間入り。「happy work Spa」は、頭皮だけでなくデコルテや首周りもしっかりともみほぐしてくれるご褒美スパとして、丸の内で働く女性たちから支持を集めている。KITTE 店限定メニューもあるので要チェック。

DATA·······························

🏠 東京都千代田区丸の内 2-7-2
　 JP タワー KITTE 3F
　 元日
🕐 11:00 〜 21:00
　 日・祝日 11:00 〜 20:00

▶ uka HBD Head Spa（90 分）
　¥16,000
　happy work Spa（70 分コース）　¥12,000
　パーソナル髪質ケア（90 分）　¥10,000
　アクアホールドトリートメント ワンプラス　¥10,000　※スパブロー代別途 ¥2,000
● 当日受付可　● カード支払い可

Treatment & Spa

INDEX

※本書の掲載順に関して、カット部門は美容師の五十音順、パーマ、カラー、トリートメント&Spa部門は美容室のABC順で掲載しています。

Cut ✄✄✄

朝日光輝（SUNVALLEY） P12

岡村享央（MINX 銀座店） P38

川島文夫（PEEK-A-BOO 青山） P52

川畑タケル（BEAUTRIUM 七里ヶ浜） P54

中村章浩（ABBEY2） P112

宮村浩気（AFLOAT / XELHA） P150

Cut ✄✄

板倉みつる（Luxe） P20

伊東秀彦（PEEK-A-BOO 原宿） P22

上原健一（Rougy） P28

大川英伸（Praha） P36

河野悌己（GARDEN Tokyo） P60

渋谷謙太郎（SUNVALLEY） P80

太市（Side Burn） P86

高木裕介（U-REALM omotesando） P88

髙田幸二（air-GINZA central） P90

田中衛（NORA Journey） P94

塚本繁（K-two 銀座） P98

VAN（Cocoon） P122

松浦美穂（TWIGGY.） P142

松永英樹（ABBEY） P144

山田千恵（DaB daikanyama） P154

Cut ✄

赤松美和（VeLO） P8

阿形聡美（NORA Journey） P10

安齋由美
（CHAUSSE-PIED EN LAITON） P14

池戸裕二（MINX 銀座五丁目店） P16

石川ヒデノリ（suburbia） P18

磯田基徳（siki） P24

伊輪宣幸（AFLOAT JAPAN） P26

内田聡一郎（LECO） P30

浦さやか（otope） P32

エザキヨシタカ（grico） P34

奥山政典（BEAUTRIUM Aoyama St.） P40

小田嶋信人（ABBEY） P42

小村順子（ACQUA omotesando） P44

片山良平（LONESS OMOTESANDO） P46

金丸佳右（air-AOYAMA） P48

唐沢ゆりこ（SINCERELY） P50

久保雄司（SIX） P56

熊谷心（Salon 銀座） P58

小谷英智香（dakota racy） P62

小松敦（HEAVENS） P64

小松利幸（ANTI） P66

坂狩トモタカ（SHEA.） P68

坂巻哲也（apish ginZa） P70

サトーマリ（siika NIKAI） P72

澤野秀樹（ANNE.） P74

薫森正義（Rougy） P76

設楽雅貴（FILMS GINZA） P78

下村幸弘（M.SLASH センター北） P82

菅野太一朗（LANVERY） P84

高橋あや（Luxe） P92

CHIKA（artifata） P96

時枝弘明（stair:case） P100

歳嶋建国（MINX 青山店） P102

鳥羽直泰（VeLO） P104

土橋勇人（DIFINO aoyama） P106

豊田永秀（STRAMA） P108

中野太郎（MINX 銀座二丁目店） P110

奈良裕也（SHIMA HARAJUKU） P114

西本昇司（BRIDGE） P116

野口和弘（CIECA.） P118

NOBU（ALBUM SHINJUKU） P120

蓮間衣里（FLOWERS） P124

服部大起（ACQUA omotesando） P126

広江一也（NORA HAIR SALON） P128

福井達真

（GINZA PEEK-A-BOO 並木通り） P130

八月朔日（DRESS NYC 81） P132

堀内邦雄

（GINZA PEEK -A-BOO 中央通り） P134

堀江昌樹（JENO） P136

堀之内大介（Belle 銀座 5 丁目店） P138

本田治彦（LONESS OMOTESANDO） P140

三笠竜哉（Tierra） P146

みやちのりよし（SHACHU 渋谷本店） P148

八木岡聡（DaB omotesando） P152

悠馬（Dayt.） P156

Cut Men's Style ✂︎✂︎✂︎

高木琢也（OCEAN TOKYO） P160

Cut Men's Style ✂︎✂︎

西森友弥

（MR.BROTHERS CUT CLUB 中目黒） P166

Cut Men's Style ✂︎

JULIAN

（MR.BROTHERS CUT CLUB 原宿 2 号店）

P158

外山龍助（hair make KIDMAN） P162

中村トメ吉（GOALD） P164

畑成美（SARY） P168

三科光平（OCEAN TOKYO Harajuku） P170

Perm

ANTI P172

apish AOYAMA P174

MINX 青山店 P176

SHEA. aoyama P178

stair:case P180

XELHA P182

Hair color

air-GINZA tower P184

Belle omotesando P186

CANAAN P188

GALA P190

kakimoto arms 六本木ヒルズ店 P192

salon dakota P194

SHACHU 渋谷本店 P196

SHIMA AOYAMA P198

stair:case P200

suburbia P202

U-REALM omotesando P204

Treatment&Spa

ABBEY P206

AFLOAT JAPAN P208

AMATA P210

apish ginZa P212

dakota racy P214

DRESS NYC 81 P216

gift sunnyside P218

LANVERY P220

LONESS OMOTESANDO P222

Luxe P224

MINX 銀座店 P226

NORA HAIR SALON P228

Salon 銀座 P230

SHACHU 渋谷本店 P232

SUNVALLEY P234

uka 丸の内 KITTE 店 P236

Staff

カメラマン

阿萬泰明（PEACE MONKEY）、市田智之、
高嶋佳代、廣江雅美、BOCO

装丁・デザイン

木村舞子（Natty Works）

校正

若松由美

編集協力

前田起也、岩淵美樹、佐藤友理

KAMI CHARISMA 東京2020 Hair Salon Guide

2020年2月10日　第2刷発行

編　者／KAMI CHARISMA 実行委員会
発行者／谷岡弘邦
発行所／株式会社CB
　　　　〒100-0013　東京都千代田区霞が関3-7-1　霞が関東急ビル4階
　　　　電話　03-6205-8448

発売元／株式会社主婦の友社
　　　　〒112-8675　東京都文京区関口1-44-10
　　　　電話（編集）03-5280-7537　（販売）03-5280-7551
印刷所／株式会社大丸グラフィックス
© KAMI CHARISMA 実行委員会 2019　Printed in Japan　ISBN978-4-07-341497-1

■本書の内容に関するお問い合わせ、また印刷・製本など製造上の不良がございましたら
CB（☎03-6205-8448）にご連絡ください。
■主婦の友社が発行する書籍・ムックのご注文はお近くの書店か主婦の友社コールセンター
（☎0120-916-892）まで。
＊お問い合わせ受付時間　月〜金（祝日を除く）9:30 〜 17:30
主婦の友社ホームページ　https://shufunotomo.co.jp/